しくみと手続きのポイントがわかる

自己破産と借金整理を考えたら読む本

弁護士法人 ベリーベスト法律事務所

日本実業出版社

はじめに

「毎月の返済が厳しい」「毎日返済のことばかり考えている」「家族に迷惑をかけたくない」……。

弁護士としてご相談を受けていると、よく聞く言葉です。実際、切羽詰まって借入れをしている方が多く、必死に返済をしていたが、結局、気がついたら首が回らなくなってしまっていたという話はよくあります。

いままでに、全国から数々のご相談を受け、債務（借金）整理の案件をお手伝いしてきましたが、やはり、お金の悩みは他人に相談しにくいですし、一人で悩んでしまう方も多いようです。

しかし、債務（借金）の悩みはそのほとんどを解決することができます。適切な債務（借金）整理をすることで、状況が一変する可能性が高いのです。

私たちは、悩みを抱える多くの相談者・依頼者と接してきた経験から、少しでも借金問題で悩む人の力になりたいという思いで、本書を執筆しました。本書を手に取った方は、債務（借金）について悩んでいる方でしょうから、ぜひ本書を読み進め、適切な債務（借金）整理方法を知り、解決に向けて第一歩を踏み出してください。

本書の構成は6つの章に分かれており、内容は以下のとおりです。
- 序章では、借金で困っている方にまず確認してほしいことについて
- 第1章では、4つの債務（借金）整理の方法とそれぞれのメリット・デメリット、選択前に考えるべきことについて
- 第2章と第3章では、自己破産のしくみや手続きの内容・流れ、

必要書類などについて
- 第4章では、任意整理について
- 第5章では、個人再生と特定調停について

　まずは、序章と第1章を読んでいただき、自身の状況を確認し、どの債務（借金）整理方法が合っているかを考えてみてください。
　そのうえで、自己破産（第2章、第3章）、任意整理（第4章）、個人再生（第5章）、特定調停（第5章）の各手続きのうち、あなたに合っていると思う手続きの解説をご覧ください。
　なお、多少むずかしい内容もふくまれていますから、すべてを通読しなければならないわけではありません。特に、第3章は、債務者自身が破産申立てを行なう場合を想定して必要書類等を説明していますから、弁護士に手続きを依頼する場合には自分ですべてを理解する必要はないかもしれません。
　ただ、弁護士に依頼する場合でも、求められた資料を用意したり、事情を説明したりする必要がありますから、ざっと目を通して必要なものをイメージしてみるとよいと思います。

　本書が、一人でも多くの方が適切な方法によって借金の問題から解放されるための一助となることを心から願っています。

2016年8月

弁護士法人ベリーベスト法律事務所
執筆者代表　弁護士　甘利禎康

※本書の内容は、2016年8月1日現在の法令等に基づいています。

しくみと手続きのポイントがわかる
自己破産と借金整理を考えたら読む本

はじめに

序章 あなたにまず確認してほしいこと

まず、あなたの借金の状況を把握しましょう……12

どんな所に相談に行けばよいか？
専門家に相談・依頼するタイミングは？……19

第1章 借金整理の方法を知ろう

1-1 まずは自分の総債務額を確認しよう……22
本当は支払わなくてもよい借金とは？　22
債務総額がいくらなら債務整理を検討すべきか？　25

1-2 借金整理の方法は主に4つある……26
任意整理の特徴　26
特定調停の特徴　27
個人再生の特徴　28
自己破産の特徴　29

1-3 各整理方法のメリット・デメリット……………………31
- 任意整理のメリット・デメリット　31
- 特定調停のメリット・デメリット　33
- 個人再生のメリット・デメリット　34
- 自己破産のメリット・デメリット　35

1-4 どの整理方法を選ぶべきか？……………………38
- 任意整理か？　自己破産（または個人再生）か？　38
- 自己破産か？　個人再生か？　39
- 個人再生を検討するケース　40
- 自己破産は最終手段　41

1-5 担保がある場合、保証人がいる場合……………………43
- 担保が設定されている場合　43
- 保証人がついている場合　44

第2章　自己破産のしくみとポイント

2-1 自己破産とは？……………………48
- 自己破産の目的　48
- 2通りの手続きがある　49

2-2 自己破産手続は2種類ある……………………50
- 破産管財人を選ばなければならないのが原則　50
- 同時廃止も用意されている　51

2-3 同時廃止になる場合、ならない場合 ……………… 53
同時廃止とならない場合がある　53

2-4 同時廃止と管財事件のちがい ……………………… 55
手続きの時間が異なる　55
手続費用（破産管財人の報酬等）が異なる　55
少額管財事件という手続きがある　56
申立代理人（弁護士）費用が異なる　57

2-5 手続きの流れを知ろう①
破産申立てまでの流れ ……………………………… 58
破産申立てまでの準備の流れ　58
弁護士等へ相談するメリット　58
債権者や財産等の調査とは？　59
破産申立書の作成　62

2-6 手続きの流れを知ろう②
同時廃止の場合 ……………………………………… 63
破産手続の開始　63
破産手続の終了（同時廃止決定）　64
免責手続　64
債務者自身が参加する手続きは？　65

2-7 手続きの流れを知ろう③
管財事件の場合 ……………………………………… 66
破産手続の開始　66
破産手続の実際　66
破産手続の終了　68

免責手続　68
債務者自身が参加する手続きは？　69

2-8　自己破産のメリット・デメリット……………………70
自己破産のメリットとは？　70
自己破産のデメリットとは？　71

2-9　免責不許可事由とは？……………………74
借入れの経緯に関すること　74
破産手続を妨害すること　75
免責不許可事由があっても免責されることがある　76

2-10　自己破産という選択……………………77
免責という効果は他の債務整理では得られない　77
デメリットはすべてが問題となるわけではない　77
注意すべきポイント　77

第3章　自己破産の手続きの注意点

3-1　専門家に依頼したほうがよいのか？……………………80
法律の専門家に依頼するメリット　80
法律の専門家に依頼するデメリット　83

3-2　自分で手続きをする場合の流れ……………………85

3-3　申立書類の作成①
破産申立書の作成と添付書類……………………87

添付書類の内容　87

3-4　申立書類の作成②
陳述書 …………………………………………………92
　陳述書の役割　92
　具体的な記載事項　92

3-5　申立書類の作成③
債権者一覧表 …………………………………………101
　債権者一覧表の役割　101
　一覧表にない債務は免責の対象外　101

3-6　申立書類の作成④
財産目録 ………………………………………………103
　財産目録の役割　103
　財産目録に記載すべきこと　103
　プラスの財産はどうなるのか？　104

3-7　申立てと債権者への通知 ………………………111
　申立てでは裁判所に直接出向く　111
　債権者への通知を行なう　111

3-8　開始前審尋から破産手続開始決定までの流れ……113
　開始前審尋と破産手続開始決定　113

3-9　免責手続とは？ …………………………………114
　免責の申立て　114
　免責の審理　114

免責許可決定の効果　115

第4章　任意整理のしくみとポイント

4-1　任意整理とは？ ……………………………… 118
法律の専門家が金融業者と交渉する　118
簡易な手続き　118
交渉のポイント　119

4-2　任意整理のメリットを知ろう ……………… 123
任意整理のメリットとは？　123

4-3　任意整理のデメリットを知ろう …………… 127
任意整理のデメリットとは？　127

4-4　どんな人が向いているのか？ ……………… 130
債権者は誰か？　130
返済に充てることのできる金額は？　131
借金の原因は何か？　132

4-5　任意整理の手続きの流れを知ろう ………… 133

4-6　ヤミ金への対処方法 ………………………… 139

4-7　任意整理手続の具体例 ……………………… 140
Aさんのケース　140
Bさんのケース　141

第5章 個人再生・特定調停のしくみとポイント

5-1 個人再生①
個人再生手続とは？ …………………………………… 146
個人再生手続とはどんな手続きか？　146
個人再生手続には2つの方法がある　146
個人再生手続を利用できる人の条件　147

5-2 個人再生②
個人再生手続で減額される金額とは？ ……………… 149
清算価値保障原則とは？　150
個人再生手続は弁護士等に依頼しなければだめ？　152

5-3 個人再生③
個人再生手続の流れ …………………………………… 153
個人再生の手続き　153
提出書類と手続費用　158

5-4 個人再生④
個人再生のメリット …………………………………… 160

5-5 個人再生⑤
個人再生のデメリット ………………………………… 164

5-6 特定調停①
特定調停とは？ ………………………………………… 167
特定調停とはどのような手続きか？　167

どんな場合に手続きを利用できるのか？　167
手続きにはどのくらいの費用がかかるのか？　168
どこの裁判所に手続きを申し立てるべきか？　168

5-7　特定調停②
特定調停の手続きとは？ …………………………… 169
申立てに必要な書類　169
手続きの具体的な流れ　170

5-8　特定調停③
特定調停のメリット ………………………………… 174

5-9　特定調停④
特定調停のデメリット ……………………………… 178

執筆者一覧

カバーデザイン◎春日井恵実
本文イラスト◎シミキョウ
本文DTP◎一企画

序章

あなたにまず確認してほしいこと

まず、あなたの借金の状況を把握しましょう

　借金が増えてしまうと、もう自分の借金がどのくらいあるのかさえわからなくなってしまうという人もいます。
　当たり前のことですが、自身の債務（借金）の状況がわからなければ、どのような方法で債務（借金）整理をすればいいのか検討することはできませんから、まずは、自分の状況を確認しましょう。これが、債務（借金）整理の第一歩です。

✎ どこから借りていますか？（借りていましたか？）

　銀行やクレジットカード（信販会社）、消費者金融、友人や家族、勤務先など、いろいろなところからの借入れがある方もいますが、あなたは自分がどこから借りているか把握していますか？
　信じられないかもしれませんが、多重債務者になると、もはや自分の借入先を正確にわからなくなっている人もいます。
　まずは、どこからお金を借りているか（どこにお金を支払わなければならないか）をすべて確認しましょう。
　また、あとで詳しく説明しますが、過去に利用していた金融業者で現在は完済しているところがある場合、いわゆる「過払い金」が発生している可能性があります。
　過払い金が発生していれば、それを現在の債務（借金）の返済に充てることもできるので、完済したのが過去10年以内の金融業者は、すべて思い出す必要があります（10年以上前に完済している場合は時効になってしまい、過払い金を取り戻すことはできません）。

昔のことは覚えていないという人も多いですが、過払い金によって債務（借金）を支払わなくて済む場合もありますので、よく思い出してみてください。

📝 各債権者からの借入額は、それぞれいくらですか？

　すべての借入先を挙げることはできましたか？　すべて挙げることができたら、今度は「各債権者（金融業者等）に対する債務額」がいくらあるのかを確認しましょう。

　そして、各債権者の債務額を把握できたら、あなたの「総債務額」がいくらになるのかを計算します。

　この総債務額は、「今後、債務（借金）整理をしたほうがよいのか」、整理する場合には「どの方法がよいのか」を検討する際にとても重要になります。

📝 各債権者に対する返済額・返済方法は？

　次に、各債権者に対する返済方法を確認しましょう。「一括払いのもの」「分割払いのもの」「リボルビング払いのもの」など、返済方法もそれぞれ異なります。

　また、毎月の支払額もそれぞれ確認し、月々の返済に必要な金額が、合計でいくらになっているのかを把握しましょう。

📝 各債権者の利率は何％ですか？（何％でしたか）？

　平成19年（2007年）以前から利用していた金融業者がある場合、利息制限法の上限利息よりも高い利率で利息を支払っていた可能性があります。これが、いわゆる「過払い金」と呼ばれる払い過ぎの

利息です。

　過払い金が発生している金融業者がある場合、現在の債務（借金）の額が減ったり、なくなったりする可能性があり、場合によっては、過払い金を返還してもらえる可能性もあります。

　また、すでに完済した金融業者からも過払い金を返還してもらえる可能性があります。

　債務（借金）整理を検討する際、過払い金があるかどうかは重要ですから、各金融業者の利率を調べてみましょう。

滞納している債権者はありますか？

　すべての債権者を挙げられたら、そのなかに滞納している債権者があるのかを確認しましょう。

　滞納している場合、債務（借金）の元本に加えて「遅延損害金」などを支払う必要があります。それによって総債務額も変わってきますので、この点も確認する必要があります。

　また、5年もしくは10年以上滞納している場合、「消滅時効の援用」をして、債務を消滅させることができるかもしれません（詳しくは第1章を参照）。

担保・保証人の設定をしていますか？

　金融業者から借入れをしている場合、不動産などを担保として差し入れている可能性があります。また、自動車ローンなどは「ローン完済まで自動車の所有権がローン会社に残る」という契約になっている可能性が高いです（これを「所有権留保」といいます）。

　このように担保を差し入れている場合、債務（借金）整理をすると、その担保を債権者に取られてしまう可能性が高くなりますので、

債務（借金）整理をする前に確認が必要です。

　また、金融業者から借り入れる際、保証人をつけている場合があります。その場合、あなたが債務（借金）整理をすると、保証人が代わりに請求を受ける可能性があります。保証人に迷惑がかかる可能性がありますので、この点も確認が必要です。

　担保・保証人の設定の有無については、契約書などで確認してください。

月々の返済可能額はいくらですか？

　債務（借金）整理を検討する場合、「あなたの収入のなかから毎月いくらであれば無理なく返済できるのか？」ということが重要になります。

　その金額によって、債務（借金）整理の方法が変わりますので、収入と住居費・生活費などを見直して、「毎月無理なく返済していける金額の上限はどのくらいになるか？」を検討してみてください。

保有している資産はありますか？

　毎月の返済額が増えている場合、毎月の給料などの収入以外に、不動産や車、有価証券、預貯金など、あなた名義の資産があれば、これらを使って返済することも検討する必要があります。

　また、自己破産をする場合には、これらの資産を清算しなければなりませんので、やはり自身がどのような資産を保有しているかを整理しておく必要があります。

　まずは以上のことを確認して、17ページの表の例のようにそれぞれを個別に書き出してみましょう。

◎確認すべきこと一覧◎

借金に関すること

- ☐ どこから借りているか？
  （過去10年間に利用していて完済した金融業者も要確認）
- ☐ 各債権者からそれぞれいくら借りているか？
- ☐ 各債権者に対する毎月の返済額はそれぞれいくらか？
- ☐ 各金融業者の利率は何％か？
  （過去10年間に完済した金融業者についても何％だったのかを要確認）
- ☐ 滞納している金融業者はあるか？
  滞納している場合、滞納期間はどのくらいか？
- ☐ 担保・保証人の設定をしているものはあるか？

あなたに関すること

- ☐ 毎月の返済可能額はいくらか？
- ☐ どのような資産を保有しているか？

◎総債務額チェック表◎

	借入先	残高	毎月の返済額	利率	取引開始時期	滞納	保証人・担保
銀行							
信販							
消費者金融							
親族・知人など							

◎総債務額チェック表の記入例◎

例（Aさんの場合）

	借入先	残高	毎月の返済額	利率	取引開始時期	滞納	保証人・担保
銀行	○○銀行（保証会社○○ファイナンス）	50万円	3万円	15%	2012年4月	無	無
	△△銀行（保証会社△△ファイナンス）	80万円	2万5,000円	18%	2014年8月	無	無
	××銀行（住宅ローン）	2,500万円	11万円	18%	2012年8月	無	保証人妻・抵当権
信販	○○クレジット	50万円 内訳 キャッシング 30万円 ショッピング 20万円	1万5,000円	18% ※契約当時は25%	2001年6月	無	無
	△△コーポレーション（車のローン）	80万円	2万円		2001年6月	無	無
消費者金融	○○ファイナンス	50万円	1万5,000円	18% ※契約当時は28.8%	2002年10月	無	無
	××ファイナンス	50万円	1万5,000円	18%	2012年5月	無	無
親族・知人など	父	50万円	取決めなし		2014年3月	無	無

序章 あなたにまず確認してほしいこと

◎債務（借金）整理の流れ（詳しくは第1章を参照）◎

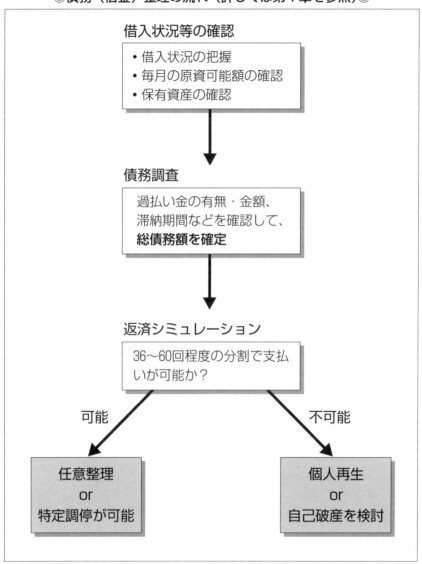

どんな所に相談に行けばよいか？
専門家に相談・依頼するタイミングは？

● **法律家へ相談するメリット**

　債務（借金）整理を考えたときに相談する場所としては、やはり「弁護士会の法律相談センター」や「各弁護士の事務所」がよいと思います。

　弁護士であれば、直接、金融業者とのやり取りに介入することができ、金額の制限がなく手続きができます。そして、**弁護士に依頼すれば、金融業者から直接取り立てられなくなります**。また、「自己破産」や「個人再生」も選択肢として考慮しながら、各債務者にとって最良の方法で債務（借金）整理の手続きができます。

　特に、債務（借金）整理を専門的に取り扱っている弁護士であれば、「任意整理」を検討する際に、各金融業者が交渉でどのような条件を提示してくるかなどの情報も熟知していますので、手続きの見通しが立てやすいといえます。

　最近では、相談料を無料にしている弁護士も多いですから、事前に相談料の要否も確認しておきましょう。

　また、債務（借金）整理を専門的に取り扱っている弁護士は、ホームページ上で手続きに関して詳しく説明していることが多いため、そちらも参考にして弁護士を探すとよいでしょう。

　その他、司法書士も債務（借金）整理を取り扱っていますが、「簡易裁判所での代理権」しか認められていませんので、**140万円を超える債務を取り扱うことはできません**。

　また、自己破産や個人再生は地方裁判所での手続きであるため、

これらの手続きも取り扱うことができません（司法書士も書類を作成することは可能です）。

● **その他の相談窓口**
　弁護士や司法書士のような法律家のほかに、以下のような相談窓口があります。
- 市区町村の相談窓口
- 日本貸金業協会
- 公益財団法人日本クレジットカウンセリング協会

　市区町村の相談窓口も相談料は無料のことが多く、弁護士が対応してくれるところもありますから、一度相談してみるとよいかもしれません。

● **専門家に相談するタイミングは？**
　どのような状況になったら専門家に相談すべきか、という基準はありません。
　ただ、毎月の返済ができなくなっているようであれば、速やかに相談するべきです。また、返済ができない状態にはなっていないが返済が苦しく感じているようでしたら、一度ご相談されることをお勧めします。
　借金の悩みは、周囲の人に相談しにくいという人も多いですが、専門家に相談して現状を見てもらうことで、劇的に状況が改善することもあります。少しでも不安を感じているようでしたら、一度相談だけでもしてみるとよいでしょう。

第1章

借金整理の方法を知ろう

1-1 まずは自分の総債務額を確認しよう

支払う必要のない借金とわかることや、借金がなくなることもある

　序章でも説明しましたが、債務整理（借金整理）の方法・手続きを検討するためには、まず**自身の現在の債務（借金）の状況・総債務額を把握すること**が必要です。

　序章の17ページの表を参考にして、それぞれを個別に書き出してチェックしてみましょう。

　「総債務額」はいくらになりましたか？　また、「毎月の返済額」は全部でいくらになっていますか？

　債務整理をするかどうかを検討する際には、**毎月の返済額が全部でいくらになっているか**ということも、しっかりと把握する必要があります。

本当は支払わなくてもよい借金とは？

　現在、借金として残っているもののなかには、本当は支払わなくてよいものがあるかもしれません。

①過払い金

　一つは、**「過払い金」が発生している場合**（「利息制限法」の上限利率よりも高い利率で支払っていた場合）です。

　利息の上限は利息制限法という法律で定められていますが、かつて一部の消費者金融や信販会社（クレジットカード）は、この上限利率よりも高い利率で利息を取っていました。

　利息制限法には罰則規定がありませんが、出資法という別の法律

には罰則規定があり、この出資法は平成18年12月に改正されるまで、金融業者が年29.2％を超える利率で取った場合にはじめて処罰されるという内容でした（現在は、年20％を超える利率で利息を取ると処罰される内容に改正されています）。

このように、金融業者は処罰されることがなかったことから、利息制限法の上限利率を超える利息を取っていました。

この利息制限法の上限利率を超える部分を**「グレーゾーン金利」**といいます。本来、利息制限法の定めを超える部分の利息は支払う必要がなく、払い過ぎになっていますので、この払い過ぎた利息（過払い金）を返してもらうことができるのです。

◎利息制限法の上限利率◎

元本10万円未満	年20%
元本10万円以上100万円未満	年18%
元本100万円以上	年15%

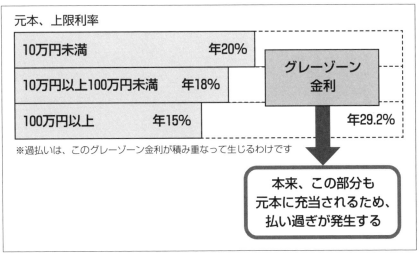

◎過払いが発生するしくみ◎

利息制限法の上限利率よりも高い利率で借入れをしていた場合、利息制限法上の上限利率で計算し直すと（これを「引き直し計算」といいます）、借金が減ることになります。場合によっては、借金がすべてなくなり、さらに過払い金を請求できるかもしれません。

まずは、契約書や毎月の請求書・支払明細などで**契約時の利率を**確認してみましょう。もし、利息制限法の上限利率よりも高い利率で契約していたら、引き直し計算をしてみないと、本当に支払わなければならない借金の額がわかりません。計算方法がわからない場合は、弁護士などに相談してみましょう。

②消滅時効にかかっている借金

もう一つは、**消滅時効にかかっている借金がある場合**です。

金融業者からの借金の場合、滞納などで**最終取引日から5年間経過すると、消滅時効が成立**します（商法522条）。消滅時効が成立している場合、**時効の援用**（「時効だから払いません」という意思表示。一般的には、通知書などの文面を金融業者に送ります）をすれば、借金を消滅させることができます。ただし、裁判を起こされていたり、支払う約束をして債務を承認している場合などには、5年以上経過していても消滅時効の援用はできません。

滞納している借金がある場合には、「何年間支払っていないか」「その債権者にこれまで裁判を起こされたことはないか」を確認してみましょう。

なお、信用金庫や個人からの借入れなどは、10年間経過しないと消滅時効は成立しませんので、注意が必要です（民法167条）。

また、消滅時効が成立していても、勝手に借金が消えてなくなるわけではありません。時効成立後に時効の援用をすることで、はじめて借金がなくなります。時効援用のやり方がわからない場合には、弁護士などに相談してみましょう。

◎消滅時効の流れ◎

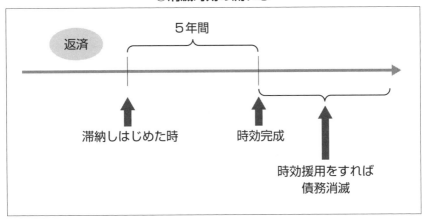

債務総額がいくらなら債務整理を検討すべきか？

　明確な基準があるわけではありませんが、**一般的なサラリーマンの場合、総額200万円、毎月の返済額が10万円を超えている**と債務整理を検討すべき状況と考えられます。
　もちろん、収入が少ない場合は総額100万円以下でも債務整理を検討する方はいますし、「総額〇〇万円以上の借金がないと債務整理はできません」というルールがあるわけではありません。
　ここで重要なのは、収支バランスです。
　住居費、食費、光熱費、被服費、通信費、返済など、毎月の支出がどのくらいの金額になっているのかを確認しましょう。
　収入と比べて無理はないですか？　収入だけでは不足して借入れに頼らないといけない状態になっていたり、毎月の返済額が収入の3分の1以上となっている場合、自転車操業の状態になっている可能性が高いと考えられますので、債務整理を検討したほうがよいと思います。

1-2 借金整理の方法は主に4つある

任意整理、特定調停、個人再生、自己破産の特徴とは？

借金整理の方法は、主に①**任意整理**、②**特定調停**、③**個人再生**、④**自己破産**の4つがあります。整理方法を検討する際に考えるポイントはいくつかありますが、上記はデメリットの小さい順番ともいえるので、この順番で検討するのがよいかもしれません。

任意整理の特徴

任意整理は、裁判所を介さず、直接各金融業者と交渉して、**将来利息**や**遅延損害金**（滞納してしまった場合の損害金）などを免除してもらい、毎月の支払額も減額してもらって、分割和解（一般的には、残債務額を36回払い、または60回払いで分割を組むことが多いです）を組む手続きのことをいいます（詳しくは第4章を参照）。

将来利息とは、今後の支払いにかかる利息のことです。借入れに対して通常どおりに返済をする場合、「借金の元本」に加えて「契約で定められた利息」を支払うことになります。

任意整理の場合は、原則としてこの利息の支払いが免除されますので、返済した金額がすべて元本に充てられるのです。そのため、金融業者に支払う総返済額はかなり少なくなります。

また、利息を支払っていると、払っても払ってもなかなか元本が減らない感覚に陥ることがありますが、利息の支払いを免除してもらうことで、支払えば支払う分だけ借金が減っていくことになります。

ただ、債務者が自ら金融業者と交渉をしても、通常は将来利息免

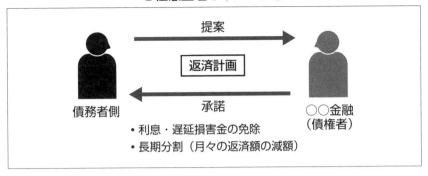

除などの条件を受け入れてもらえないので、任意整理をする場合、基本的には弁護士等に依頼したほうがよいでしょう。

特定調停の特徴

　特定調停は、裁判所で調停委員を介して各金融業者と交渉し、債務の減額や毎月の弁済額の減額、利息の免除などの条件で和解を組む手続きのことをいいます（詳しくは第5章を参照）。

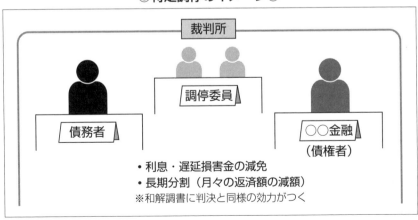

特定調停は、裁判所で調停委員が間に入った状態で交渉が進むので、債務者が自身で行なうのが一般的です。

個人再生の特徴

個人再生は、裁判所を介して、すべての債務のうち一部を免除してもらい、残りの債務を3年間（5年間まで返済期間を延ばせる場合があります）かけて分割で弁済する手続きのことをいいます（詳しくは第5章を参照）。

この手続きによって、債務を大幅に減額でき、多くの方は5分の1程度になります。

債務の圧縮については、以下のとおりです。

◎個人再生手続の債務の支払額◎

債務額が100万円未満の場合	債務全額（減額なし）
債務額が100万円以上500万円以下の場合	100万円
債務額が500万円を超え1,500万円以下の場合	5分の1
債務額が1,500万円を超え3,000万円以下の場合	300万円
債務額が3,000万円を超え5,000万円以下の場合	10分の1

※債務額に住宅ローンはふくみません。住宅ローンはそのまま支払う必要があります
※保有資産がある場合には、上記とその清算価値（保有資産の価値）の総額とを比べて多いほうが弁済額となります

個人再生は、裁判所を通じて行なう厳格な手続きですから、債務者自身で行なうことは困難です。弁護士に依頼して手続きを進める必要があります。

また、すべての債権者を平等に扱わなければならず、特定の債権者を除いて手続きをすることはできないので、親族や友人、勤務先から借入れがある場合には、親族等にも手続きに協力してもらう必

◎個人再生のイメージ◎

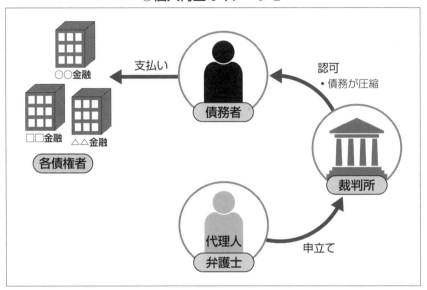

要があります。

自己破産の特徴

　自己破産は、裁判所を介して、すべての債務を**免責**（支払義務の免除）してもらう手続きのことをいいます。結果的に、すべての債務がなくなります（詳しくは第2章、第3章を参照）。
　ただし、逆に保有している資産も清算しなければなりません。

　個人再生と同様に、すべての債権者を平等に扱わなければならず、特定の債権者を除いて手続きをすることはできないので、その点には注意が必要です。
　また、ギャンブルや浪費による借金は、**免責不許可事由**（債務をなくすことができない事情）とされており、免責を受けられない可

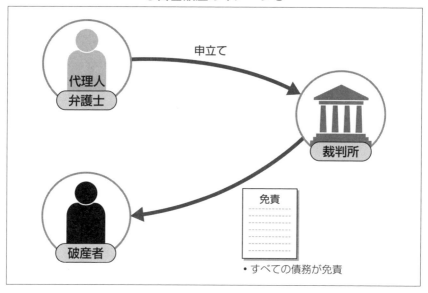

能性があります。

1-3 各整理方法のメリット・デメリット

減額できる金額などを押さえよう

　債務整理の方法を選択する際には、各メリット・デメリットを把握したうえで検討する必要があります（次ページ図表を参照）。

任意整理のメリット・デメリット

　任意整理のメリットは、
- 将来利息や遅延損害金を免除してもらえる
- 毎月の弁済額を減額してもらえる

ことなどにあります。

　ただし、金融業者側には法的にこのような和解に応じる義務はなく、分割和解の条件は各金融業者との交渉次第になりますので、金融業者によって条件が異なることもあり、和解に応じてもらえない場合もあります。

　また、債務整理する業者との取引期間に利息制限法の上限利率以上の利率で取引していた期間があれば、その期間の過払い金によって残高を減額させることができます。それどころか、上限利率以上の利率で取引をしていた期間が長ければ、債務がすべてなくなり、借主側から過払い金の返還を請求できることもあります。

　なお、任意整理は裁判所を介さず、各金融業者と直接交渉をするだけですので、第三者に知られる心配もありません。

　任意整理のデメリットは、
- 信用機関に一定期間、事故情報が登録される点
- 弁護士等への費用がかかる点

◎各借金整理方法のメリット・デメリット◎

	メリット	デメリット	備考
任意整理	・将来利息や遅延損害金の免除 ・長期分割によって毎月の返済額を減らせる ・官報に掲載されない	・一定期間、信用機関に事故情報が登録される ・弁護士等への費用がかかる ・担保や保証人がついている場合、担保実行や保証人への請求のリスクがある ・裁判を起こされる可能性がある	―
特定調停	・将来利息や遅延損害金の免除 ・長期分割によって毎月の返済額を減らせる ・弁護士等への費用がかからない ・官報に掲載されない	・和解調書に執行力がつく ・一定期間、信用機関に事故情報が登録される	・調停期日に出頭が必要
個人再生	・住宅ローン以外の総債務額を圧縮できる ・住宅ローン条項を用いて住宅を残せる ・免責不許可事由がない ・職業制限、資格制限がない	・一定期間、信用機関に事故情報が登録される ・弁護士への費用がかかる ・官報に掲載される ・すべての債権者を平等に扱わなければならない	・安定した収入がなければ不可 ・（小規模個人再生の場合）過半数の債権者から異議が出ると不可
自己破産	・すべての債務が免責される	・資産を残せない ・職業制限、資格制限がある ・一定期間、信用機関に事故情報が登録される ・弁護士への費用がかかる ・官報に掲載される ・すべての債権者を平等に扱わなければならない	・裁判所への出頭が必要（管轄裁判所による） ・免責不許可事由がある ・原則として7年間は再度の免責が受けられない

などが挙げられます。

　信用情報については第4章で説明しますが、債務整理の情報が登録されることによって、一定期間は新たな借入れ等の審査が通りにくくなります。

　また、弁護士に依頼した場合には、弁護士費用はかかりますが、有利な条件で和解できれば、費用以上の効果が期待できます。

特定調停のメリット・デメリット

　特定調停のメリットは、
・将来利息や遅延損害金を免除してもらえる
・毎月の弁済額を減額してもらえる
等の条件で分割和解を組むことなどにあります。

　また、裁判所で調停委員を間に入れて債権者と交渉しますので、弁護士や司法書士に依頼しなくても、自分自身で行なうことができます。そのため、専門家へ依頼する費用がかからないという点もメリットといえます。

　特定調停のデメリットは、
・特定調停で和解が成立すると、裁判の判決と同様の効力がある調停調書が作成されること
などです。そのため、特定調停で決めた毎月の返済を怠ると、債権者はすぐに強制執行（裁判所を通じて、強制的に債務者の資産を差し押さえる手続き）をすることができ、預金や給料の差押えなどをされてしまうおそれがあります。

　また、特定調停は、債権者ごとに行なう必要がありますので、場合によっては裁判所に何度も通う必要があります。平日の日中に出頭することがむずかしい方にとっては、この点もデメリットといえます。

さらに、特定調停の場合も信用機関に事故情報が登録されます。

個人再生のメリット・デメリット

個人再生のメリットは、
- **住宅ローン以外の債務を圧縮することができる点**

などにあります。
そして、自己破産とちがって、
- **住宅を残すことができる点**

も大きなメリットになります（ただし、いくつかの条件があります）。
また、自己破産と異なり、職業制限や資格制限がありません。そのため、これらの理由で自己破産ができない人も利用することができます。
さらに、自己破産手続では免責不許可事由となるギャンブルや、浪費などによる債務についても問題視されることはありません。
個人再生のデメリットは、
- **任意整理などと同様、信用機関に事故情報が登録されるという点**

などにあります。
また、官報（国が発行している発行物で、法律や政令、条約等の公布などの情報が掲載されています）にも掲載されます。
さらに、個人再生の場合、すべての債権者を平等に扱わなければならず、特定の債権者だけに返済をすることができません。そのため、車のローンがある方は、ローンを支払うことができなくなり、その結果、車が引き揚げられてしまう可能性が高いこともデメリットといえます。
弁護士に依頼する必要性が高いので、弁護士費用もかかります。

自己破産のメリット・デメリット

自己破産のメリットは
- **すべての債務がなくなること**

です。

いま抱えている債務について、一切返済する必要がなくなります。債務ゼロの状態になりますから、返済に追われることもなくなり、まさに劇的な解決方法といえるでしょう。

自己破産のデメリットは、
- **資産が清算されてしまうこと**
- **一部で職業制限や資格制限があること**
- **破産したことが周囲に知られる可能性があること**

などが挙げられます。

また、信用機関に事故情報が登録されます。

■資産の清算とは？

自己破産手続を行なうと債務はなくなりますが、基本的に破産者名義の資産も清算されることになります。

そのため、不動産や車、有価証券、貸付金、預金、現金などがあれば、これを失うことになります。

ただし、20万円以下の資産は残すことができ（東京地方裁判所の運用[※]）、現金については99万円までを残すことができます。

ですから、時価評価額の低い車などは、破産後も手元に残すことができます（ただ、ローンが残っている車で、契約上ローン会社に所有権が留保されている場合、ローン会社が引き揚げてしまいます）。家具や家電など、生活必需品についても基本的に残すことができます。

また、生命保険の返戻金見込額(へんれいきん)（破産手続開始時に解約した場合に発生する返戻金の見込額）も資産として見なされます。そのため、返戻金見込額が20万円以上の保険については基本的に解約することになりますが、病気で再度保険に入れないなど、事情があれば残せる可能性もあります。

　さらに、退職金見込額（破産手続開始時に退職した場合に発生する退職金見込額）についても、資産として退職金見込額の8分の1が清算の対象となります。

　退職する必要はありませんが、退職金見込額の8分の1が20万円を上回る場合、その金額を納める必要があります。

　※全国の裁判所は、破産法という法律をもとに破産手続を行ないますが、法令に明記していない点については、各裁判所によって異なる運用をしています。具体的には、提出する書類の書式、予納金（手続きのために裁判所に納める費用）の金額、手続きの方法、手元に残せる資産の金額、手続きにかかる期間などが、自己破産手続を申し立てる裁判所によって異なります

■職業制限・資格制限

　自己破産をした場合、一部の職業・資格で制限があります（詳しくは71ページを参照）。破産手続の開始決定から破産手続が終わるまでの間だけではありますが、これらの仕事をされている方については、大きなデメリットといえます。

■周囲に知られる可能性がある

　自己破産をすると、官報に氏名が掲載されます。官報を見る機会がある人は少ないと思いますが、公の発行物ですから、誰でも見ることができます。そのため、周囲の人に破産したことを知られてしまう可能性もゼロではありません。

また、勤務先や友人、親族から借入れがある場合、それらの借入れも金融業者と同様に債権者として扱う必要があります。そのため、破産手続のなかで、裁判所から破産手続を行なったことを知らせる通知が届くことになり、自己破産することを知られてしまいます。
　なお、これを避けるために、これらの借入れだけを返済しようと考えるかもしれませんが、一部の債権者のみへ返済することは**偏頗(へんぱ)弁済(べんさい)**と呼ばれ、禁止されています。

1-4 どの整理方法を選ぶべきか？

自己破産は最終手段

　ここまで債務整理の方法について説明してきました。では、実際にどの手続きを選べばいいのでしょうか。以下では、各手続きを選択するときの判断要素について説明します。

任意整理か？　自己破産（または個人再生）か？

　任意整理を選択するか、自己破産や個人再生を選択するかを検討するときは、「支払不能」かどうかという点が分水嶺になります。

　要するに、**毎月の収入と返済額を考えて、長期にわたって支払いを続けることができるかどうか**ということを考えなければなりません。

　自己破産の場合、法律上は債務者が支払不能にあるときは、申立てにより裁判所が破産手続を開始すると規定しています（破産法15条1項）。つまり、自己破産を選択するためには、支払不能であることが必要というわけです。

　なお、個人再生も債務者に破産手続開始の原因となる事実の生じるおそれがあるときは、再生手続開始の申立てをすることができると規定されており（民事再生法21条1項）、要件はほぼ同じです。

　破産法では、支払不能とは「債務者が、支払能力を欠くために、その債務のうち弁済期にあるものにつき、一般的かつ継続的に弁済することができない状態をいう」と規定されています（破産法2条

11項)。

　このように法律の規定ではわかりにくいですが、一般的には、**毎月の支払額の合計が手取り収入から住居費を差し引いた額の3分の1を超えている**と支払不能であるといわれていますので、この基準が参考になります。

　ただ、支払不能であるかどうかは、債務者の資産、年齢、性別、職業、収入などから総合的に判断されますので、必ずしもこの基準が当てはまるわけではありません。

　任意整理の場合、任意整理後に各金融業者に支払う毎月の返済額は、任意整理前よりも大幅に減る可能性があります。
　そのため、弁護士の判断基準としては、任意整理を行なった場合に必要になると見込まれる金額を検討し、それでも毎月の支払いがむずかしい場合に、任意整理をあきらめて自己破産(または個人再生)を検討することになります。

自己破産か？　個人再生か？

　自己破産であれば、債務はすべて免責されて支払う必要がなくなります。一方で個人再生の場合は、総債務額や資産の金額によって決定する支払額(たとえば、総債務額が100万円〜500万円の場合は100万円)を、3年間から5年間かけて支払う必要があります。

　両方とも、裁判所を通す厳格な手続きで、支払不能に陥っていることが手続開始の要件になります。したがって、多くの方にとって自己破産と個人再生のちがいは、「借金を全部支払わなくていいか」「減額されるものの一部を支払う必要があるか」という点くらいしかないように思えます。

そのため、単純に、すべての支払いが免除される自己破産を選択したほうが有利といえます。

しかし、以下のように自己破産をすると支障がある方や、自己破産で債務の免除が認められない可能性がある方は、個人再生を検討することになります。

個人再生を検討するケース

■住宅ローンを返済中の場合

自己破産手続が開始されると、資産も清算されてしまいます。そのため、住宅も失うことになります。

一方個人再生では、住宅ローンを支払中の場合、**住宅ローン特別条項**をつけることができ、**住宅を残す**ことができます。

自己破産や個人再生の場合、原則として、すべての債権者を平等に扱う必要があり（つまり、どこにも支払ってはいけないということです）、すべての債権者に対する支払いを止めなければなりません。

しかし、住宅ローン特別条項付きの個人再生の場合は、住宅ローンだけは支払いを止めずに返済することができます。そして、裁判所で個人再生手続が開始されたあとも、住宅ローンだけは他の債権者と区別されて、通常どおりに支払うことができます。

そのため、住宅ローン特別条項付きの個人再生であれば、住宅を清算されることはなく、住宅を残すことができます（詳しくは第5章を参照）。

このように、住宅ローンを返済中でその住宅を残したい方は、自己破産ではなく個人再生を検討することになります。

■自己破産をすると職業制限や資格制限がある場合

　自己破産の場合、手続期間中に限り、職業制限や資格制限があります（詳しくは71ページを参照）。

　このような職種に従事している方は、仕事への影響を避けるために、自己破産ではなく個人再生を選択するケースが多くなります。

■免責が認められない可能性がある場合

　破産手続の場合、免責不許可事由がある場合には、原則として免責を受けられないと破産法に規定されています。

　もっとも、**「裁量免責」**といって、裁判官の裁量で免責を受けられる規定もあります。実際には、免責不許可事由がある方の多くが裁量によって免責を受けています。

　しかし、免責不許可事由がある場合には、必ずしも自己破産手続で免責を受けられるわけではないので、個人再生を選択したほうがよいケースもあります。

自己破産は最終手段

　自己破産手続は、すべての債務を免責され、支払う必要がなくなります。そのため、債務者にとっては一番メリットが大きい手続きです。

　しかし、弁護士の立場からは、債務整理の相談を受けた場合、自己破産は最終手段として考えています。

　つまり、債務整理の方法を検討する順番としては、まず「任意整理ができないか」を検討します。任意整理によって、金融業者に将来利息や遅延損害金を免除してもらい、月々の返済額も減らしてもらうことで、支払いを継続できないかと考えるのです。

任意整理の場合、各金融業者に分割回数の上限のようなものがあります（60回払いが限度という金融業者が多いです）。
　交渉次第で分割回数を増やしてくれることもありますが、基本的には債務額をその分割回数で割って、毎月の支払額をシミュレーションします。その結果、算出した毎月の返済見込額を相談者が支払うことが困難である場合、個人再生や自己破産を検討します。

　個人再生の場合、住宅ローン特別条項を使って住宅を残せる可能性があり、職業制限等もないので、任意整理がむずかしい場合には、まず個人再生が可能か否かを検討します。
　資産がなく、自己破産による職業制限等の影響を受けない方については、個人再生を考えずに自己破産を検討します。
　しかし、自己破産によるデメリットからなるべく自己破産を避けたほうがいい方に対しては、先に個人再生を検討して、それでもむずかしい場合に自己破産を検討することになります。

　このような流れで検討するので、自己破産は最終手段になるわけです。
　もちろん、ケースバイケースですので、必ずこのように債務整理の方法を検討する必要はありません。最初から「自己破産したい」と言って相談に来る方もいますので、あくまで一つの考え方として捉えていただけるとよいかと思います。

1-5 担保がある場合、保証人がいる場合

金融業者の対応は、整理方法によって異なる

　金融業者によっては、金銭を貸しつける際に、不動産を担保に取ったり、連帯保証人をつけるように求めてくることがあります。

　このような場合、債務整理をすると担保や保証人に影響が出るので、この点にも注意が必要です。

担保が設定されている場合

　そもそも、金融業者が担保を取るのは、貸しつけた金銭を返してもらえない場合に、その担保を取り上げて換金し、そこから債権を回収するという目的があるからです。

　不動産担保ローンなどで、債務者の不動産に抵当権（債務者が支払いを怠った際に、担保の不動産から弁済を受けられる権利）が設定されるケースが多いですが、債務者がこのローンを滞納した場合、金融業者は競売（裁判所を通じて強制的に売却する手続）などで担保の不動産を売却して貸金を回収します（これを「抵当権の実行」といいます）。

　また、自動車ローンは多くの場合、「所有権留保」といって、ローンを完済するまでは自動車の所有権をローン会社に残しておくという内容の契約になっています。これも担保の一つといえます。

　金融業者によって対応は異なりますが、任意整理の場合、不動産担保ローンについては金融業者側に「抵当権を実行する」という選

第1章　借金整理の方法を知ろう

択肢がありますから、分割回数などの条件を厳しく設定しようと交渉してくることが多く、交渉が難航したり、担保のないケースに比べて不利な内容で和解せざるを得ないおそれがあります。

　また、自己破産の場合は、債務者側から考えるといずれにしても資産は清算されるため、担保の有無は実質的にはあまり関係がありません。
　しかし、金融業者にとっては、抵当権は自己破産手続や個人再生手続とは関係なく、別途実行することができますので（自己破産手続や個人再生手続では「別除権」といいます）、担保を取っていない他の金融業者よりも優先して貸金を回収することができるというメリットがあります。

　なお、住宅ローン特別条項付きの個人再生の場合、住宅ローンを支払っている住宅に、住宅ローン以外の抵当権（「2番抵当権」といいます）がついている場合、個人再生がむずかしくなりますので注意が必要です。

保証人がついている場合

　金融業者が、保証人をつけるように求めてくるのは、金銭を貸した債務者本人（「主債務者」といいます）が返済をしない場合に、保証人に支払ってもらうためです。そのため、主債務者が返済を怠ると、金融業者は保証人に請求します。
　主債務者が任意整理をする場合、最終的に分割和解が成立すれば金融業者が保証人に請求することは少ないですが、一時的には保証人に請求することがあります。

また、主債務者が自己破産をする場合は、金融業者が主債務者に請求できなくなってしまいますので、保証人に請求することになります。

　主債務者が個人再生をする場合にも、個人再生手続のなかで債務が圧縮され、金融業者が主債務者から回収できる金額は一部のみになってしまうため、残りの部分については、保証人に請求することになります。

　つまり、債務整理をする場合には、保証人に迷惑をかけることになるので、前もって相談しておく必要があります。

　逆に、あなた自身が保証人になっている債務がある場合、あなたが自己破産や個人再生をすることで、保証人の変更を求められたり、新しい保証人を立てられないと一括請求されるなど、主債務者に影響が出る可能性もありますので、保証人になっているものがある場合にはその点にも注意が必要です。

第2章

自己破産のしくみとポイント

2-1 自己破産とは？

自己破産の目的は2つある

第1章で説明したように、一口に「債務整理」といってもいくつかの方法があります。

これらのなかで、もっとも耳にする機会が多いのが「自己破産」だと思います。他方で、「自己破産するのはどうしても避けたい、ほかの方法で債務整理をしたい」という声も多く聞きます。

しかし、自己破産がどういったものなのか、その実態を知らずに何となく嫌悪感を抱いている方も多いでしょう。

そこで、自己破産とはどういったものなのか、またどういった場合に自己破産を考えればよいのか、本章と第3章で詳しく見ていきましょう。

自己破産の目的

自己破産は、破産法という法律にのっとって手続きが進められますが、その目的は第1条に定められています。

> （目的）
> 第1条　この法律は、支払不能又は債務超過にある債務者の財産等の清算に関する手続を定めること等により、債権者その他の利害関係人の利害及び債務者と債権者との間の権利関係を適切に調整し、もって①<u>債務者の財産等の適正かつ公平な清算を図る</u>とともに、②<u>債務者について経済生活の再生の機会の確保を図る</u>ことを目的とする。

※太字、下線、①・②の表記は筆者

債務整理を考えている方にとって、自己破産をする最大の目的は債務をなくすこと（②）ですが、債務者のためだけではなく、債権者のために清算をする（①）ための制度であることも重要です。

　2つの目的がありますから、**債権者のために財産等を清算する手続き（破産手続）** と、**債務者のために債務をなくす手続き（免責手続）** とが、どちらも進められるとイメージしていただくとよいでしょう。

2通りの手続きがある

　自己破産の手続きは、この2つの目的を果たすために用意されています。
　そのため、清算すべき財産があるのか、あるとしてどの程度なのかなどを調査しなければなりません。また、適正かつ公平な清算を妨げるようなことは禁止されます（2-9で詳述します）。
　他方で、経済生活の再生の機会を確保されるためには、債務の原因にも一定の制限がされます。
　そこで、自己破産には、必要な調査等の有無に応じて2通りの手続きがあります。自己破産をするにあたって、どのような手続きになるのかはとても重要なことですので、次項で見てみましょう。

第2章　自己破産のしくみとポイント

2-2 自己破産手続は2種類ある

管財事件と同時廃止の特徴

破産管財人を選ばなければならないのが原則

　自己破産の方法は、**「破産管財人」**(かんざいにん)が関わるかどうかで2つに分かれます。

　破産手続をするためには、債権者数や債権額、債権者に分けるべき申立人（債務者）の財産額等を調査し、破産手続が終了するまで管理し、債権者に分ける（配当）必要があります。

　また、申立人の債務の原因や対応いかんによっては免責が許されない場合もあるため（2-9で述べる「免責不許可事由」というものです）、そうした事情がないかを調査する必要もあります。

　しかしながら破産申立ては、個人の自己破産だけでも年間7万件以上（平成25年現在）に及びます。これらの事実関係の調査や財産管理等をすべて裁判所が行なうのは、非常に負担が大きく困難です。

　そのため裁判所は、これらの業務を行なう者として「破産管財人」を選任するのです。そして、破産管財人からの報告結果をもとに、裁判所が破産手続・免責手続の決定を判断します。

　なお、この破産管財人は、ほとんどの場合に「弁護士」から選任されます。

　このように、破産管財人が選任されたうえで進んでいく破産事件を、**「管財事件」**と呼んでいます。

◎管財事件の大まかな流れ◎

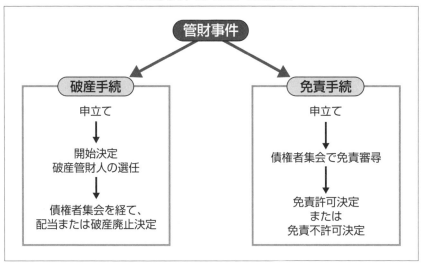

同時廃止も用意されている

　この管財事件に対して、**「同時廃止」**という制度もあります。
　そもそも破産管財人が選任されるのは、申立人の財産の調査・管理・配当や、免責不許可事由の調査等をする必要があるためです。
　しかし、破産手続を行なうにも時間やお金がかかります。破産者に、破産手続の費用をまかなうだけの財産がないことが判明している時にまで破産管財人を選任しても、内容の乏しい手続きを行なうことになります。
　また、申立人の経済的負担にもなります（破産管財人の報酬は、申立人が負担することになっています）。
　そのため、**破産手続が始まるのと同時に終了させる制度**が「同時廃止」です。同時廃止では、破産手続そのものがすぐに終了しますから、**破産管財人が選任されることはなく、免責手続だけが進む**こととなります。

なお、破産者に財産が十分に残されていることは多くありません。個人の自己破産の多くは、同時廃止の手続きによって行なわれているといわれています。

※破産手続を始めることを「開始決定」といいます。破産者の財産が少なく、その財産をお金に換えても破産手続の費用すら支払えない場合に手続きを終了させることを「廃止決定」といいます。開始決定と同時に廃止決定がされるため、「同時廃止」という呼び方をしています。

ポイント

①本来、破産手続と免責手続が予定されているので、破産手続を円滑に進めるために破産管財人が選任される制度 → 管財事件
②破産者に破産手続の費用をまかなうだけの資産がない場合には、破産手続を開始と同時に終了させる制度がある → 同時廃止

◎同時廃止の大まかな流れ◎

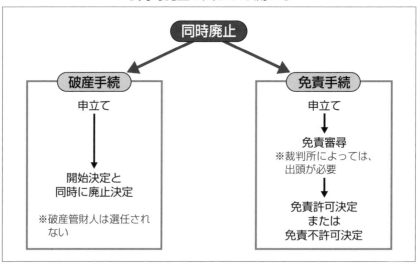

2-3 同時廃止になる場合、ならない場合

資産の有無や免責不許可事由などが考慮される

　同時廃止手続の要件は、裁判所が「破産財団をもって破産手続の費用を支弁するのに不足すると認めるとき」と定められています。

　破産財団とは、ひとまず「破産者の資産」を指すと考えていただいてかまいません。要するに、**破産者の資産が破産手続費用より少ない場合に同時廃止となる**と考えてください。

　破産手続費用は「破産管財人の報酬等」を指しますが、次項で述べる「少額管財」という、破産手続の費用が安いものでも20万円以上です。そのため、**少なくとも20万円以上の資産があるかどうかが**一つの基準であると考えましょう。

※詳しくは第3章で述べますが、本来99万円までの現金は破産者の手元に残すことができます。しかし実際には、20万円以上99万円以下の現金を所持している場合は自由財産の範囲内ですが管財事件となり（裁判所によって運用が異なります）、現金を破産手続費用に充てることとなっています

同時廃止とならない場合がある

①資産の有無が申立時点で判然としないケース

　このように、法律上は資産の有無だけが同時廃止の要件として規定されていますが、資産の有無が申立時点では判然としないこともあります。そのため、本来は申立時点で十分に行なうべき資産の調査が不十分であった場合など、資産の状況を明らかにするために、

管財人による調査が必要として管財事件となることがあります。

また、たとえ申立時点では手元に財産がなくとも、換価できるもの（生命保険の解約返戻金や過払い金など）がある場合には、これを資産として形にするために、管財事件となります。

② 「免責不許可事由」があるケース

資産はまったくない場合でも、管財事件となることがあります。それは、2-9で述べる「免責不許可事由」（債務をなくすことができない事情）があるときです。

免責不許可事由の有無は、破産者の債務の原因や破産に至るまでの財産の処分方法、破産手続における破産者の態度等をよく調査しないと判断がつきません。この調査・判断についても、財産管理等と同様に裁判所がすべて行なうことは困難です。そのため、免責不許可事由があると疑われる場合には、その存否を判断するため、破産管財人が選ばれることになるのです。

また、仮に免責不許可事由があっても、裁判所は諸般の事情を考慮のうえ、裁量で破産者の免責を許可することができます。この諸般の事情をまとめるためにも詳細な調査が必要ですから、破産管財人が選ばれるのです。

◎資産が少なくても管財事件になるケース◎

①資産の有無が判然としないケース
- 不動産や車を売却する
- 過払い金を回収するような場合もふくまれる

②免責不許可事由が疑われるケース
- 借入れの原因がギャンブル
- 一部の債権者に偏った返済を行なった
- ローンで購入した品物を転売したような場合

2-4 同時廃止と管財事件のちがい

手続きの時間や費用などが異なる

　同時廃止と管財事件の大きなちがいは、管財事件には①**破産手続が存在すること**、②**破産管財人が選ばれること**です。そのため、申立人としては以下のようなちがいに気をつける必要があります。

手続きの時間が異なる

　管財事件では、破産管財人が資産の調査をしたり、資産を現金に換える手続きをとったり、これを配当すべき債権者を調査する等、破産申立てをしてからも多くの手続きがあります。
　2-5、2-6で各手続きの内容を参照いただければわかると思いますが、**管財事件の手続きの手間・時間は、同時廃止の場合に比べて非常に多くかかります**。事件によっては、1年以上かかることもあります。債務をなくすため、免責の許可をもらうことが破産を申し立てる一番の目的ですが、免責許可の決定が出るまでの不安定な期間が増えてしまいます。

手続費用（破産管財人の報酬等）が異なる

　管財事件の場合には、破産管財人の報酬を破産者が裁判所へ納めなければなりません。これは「予納金」といわれる費目にふくまれますが、かなり高額です。
　以下で述べる少額管財事件は別ですが、法律上、「50万円」が最低金額と定められています。これを破産者が準備することになると、

相当大きな負担であることがおわかりいただけるでしょう。

ほかにも、同時廃止と管財事件では、裁判所へ納める手続費用が多少変わってきます。

裁判所の手続きを利用する際には、その費用として収入印紙や郵券（郵便切手）、その他予納金を納めることとなります。これらの金額が、管財事件の場合には少しずつ高額になるのです。

◎手続費用の目安◎

	管財事件	同時廃止
裁判所への費用		
・申立手数料	1,500円	1,500円
・郵券（郵便切手）	4,000円程度〜 15,000円程度	2,000円程度〜 10,000円程度
・引継予納金（破産管財人の報酬等）	20万円〜	―
・官報公告費用	13,000円程度	11,000円程度
申立代理人（弁護士）費用	35万円〜40万円	25万円〜30万円

少額管財事件という手続きがある

東京地方裁判所等、一部の裁判所では**「少額管財」**という手続きが用意されていることもあります。

これは管財事件のうち、**比較的短期間の調査等で足りるものについてはその期間を短くし、破産管財人報酬も少額として行なうもの**です。

この場合の管財人の報酬は「20万円程度」の裁判所が多く、費用面での負担は軽減されます。また、手続きにかかる時間も比較的短期間であり、負担は減ります。

少額管財は、法律上規定されている制度ではないため、管轄の裁判所が少額管財手続を用意しているか、その費用等がどの程度なのか、弁護士等に問い合わせてみるとよいでしょう。

少額管財手続の場合、**弁護士を代理人として、破産申立てを行なわなければならない裁判所がほとんど**です。管財事件となってしまう可能性がある場合には、いずれにしても弁護士等にご相談されるとよいでしょう。

申立代理人（弁護士）費用が異なる

最後に、弁護士費用についても、同時廃止と管財事件では差があることが多いです。

申立代理人（破産申立てを債務者の代わりに行なう弁護士）は、裁判所や破産管財人とともに、事件の解決まで当事者として手続きを行なう立場ですから、手続きの時間や手間の多い管財事件のほうが、費用は高額になる傾向があります。

弁護士費用は、各弁護士が決められます。統一の基準はありませんが、同時廃止の場合で30万円程度、少額管財事件の場合に40万円程度が一つの目安でしょう（破産管財人の報酬は除きます）。

この点についても、直接弁護士にお問い合わせください。

◎管財事件と同時廃止の特徴◎

管財事件（原則）	同時廃止（例外）
・破産管財人が選ばれる ・財産・免責不許可事由がある ・期間が長い（半年〜1年超も） ・費用が高い ・裁判所への予納金が多い	・破産管財人が選ばれない ・財産・免責不許可事由がない 　（※20万円以上） ・期間が短い（〜半年程度） ・費用が安い ・裁判所への予納金が少ない

2-5 手続きの流れを知ろう①
破産申立てまでの流れ
債権や財産等、多くの調査事項がある

破産申立てまでの準備の流れ

　管財事件と同時廃止とでは、裁判所へ「自己破産をしたい」と破産申立てを行なったあとの流れが異なります。

　当然ですが、裁判所にいきなり出向いて「自己破産をしたい」と申し出ても受け付けてもらえませんから、事前にかなりの準備が必要です。そして、破産申立てを行なうまでの「準備段階での流れ」には、共通することが多いのです。

　そこで、まずは破産申立てまでの準備段階の流れを見ていきましょう（次ページ図表を参照）。

弁護士等へ相談するメリット

　まず、自己破産の手続きを「弁護士等に依頼するのか」「自身で申立てをするのか」を、最初に考えなければならないでしょう。

　もちろん、弁護士等への依頼はせずに自身で破産申立てをすることは可能です。しかし、最終的に申立自体を依頼するかどうかは別にしても、弁護士等への相談はしておいたほうがよいでしょう。

　先ほど述べたように、破産の手続きだけでも大きく分けて2つの方法があります。「どちらの手続きで申立てをすべきなのか」、また「どのような点が問題になりそうなのか」について、専門家の意見

◎破産申立てまでの準備段階の流れ（弁護士等へ依頼した場合）◎

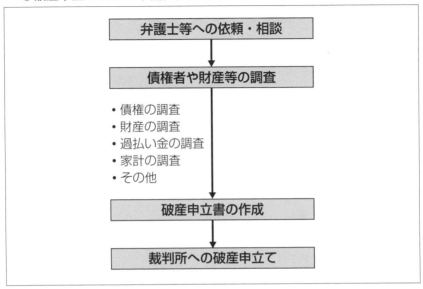

を聞いておくべきでしょう。

　また、自己破産以外にも債務整理の方法はありますので、自身に最適な債務整理の方法が何かについても、専門家の意見を聞くべきです。

債権者や財産等の調査とは？

　次に、破産申立ての際、どのようなことを準備するのかを見ていきましょう。

■債権の調査

　破産手続は債権者のための手続きでもあるため、「どれだけ債権者がいて、それぞれどれだけの債権があるのか」を調べなければなりません。

通常、弁護士に依頼した場合には、弁護士は依頼主から債権者名を教えてもらったあと、**「受任通知」**を送付します。
　この受任通知には、債権者に対し、債権額やどのような理由で生じた債権なのかについて開示するよう求める記載がされています。
　そのため、債権者から「どのような債権が、いくら残っているのか」という情報を手に入れることになります。
　申立てにあたっては、**「債権者一覧表」**を作成することになります。

■財産の調査

　破産手続は債権者のために財産等を清算する手続きですから、清算すべき財産がどれだけあるのかも調べなければなりません。

　「不動産」や「自動車」など目につきやすい財産はもちろん、全財産の調査には多くの資料を準備します。
　「預貯金」も財産ですから、預金通帳は申立てまでの2年分を記帳し、用意しておく必要があります。
　また、「退職金」も財産として扱われるため、どれだけ支払われる計算になるのか、勤務先に問い合わせて計算書・証明書を作成してもらう必要があります。
　ほかにも、「生命保険の解約返戻金」も財産として扱われるため、解約返戻金がある生命保険については、その計算書や保険証券も用意する必要があります。

　もちろん、個々の財産状況に応じて必要となる資料は異なります。財産として思い当たるものは一応、弁護士等に相談してみるべきです。弁護士が代理人として申立てを行なうのであれば、必要なものについては弁護士から指示があるでしょう。

財産についても、債権者一覧表と同様に、**「財産目録」** を作成することになります。

■過払い金の調査

また、目に見えない財産として、「過払い金」が挙げられます。

前述のように過払い金とは、消費者金融やクレジット会社等の貸金業者からお金を借りていた人が、本来支払わなければいけない利率以上の利息を支払っていた場合に、貸金業者から取り返せるお金のことです。

相談時には現金として存在しなくても、本来は自身の手元に戻ってくるべきお金ですから、これも財産として扱われるのです。

そして、過払い金が財産としていくらになるのかを確定するため、破産手続の前に、取り戻す手続きをとることも多いです。

◎財産として扱われるものの例◎

- 不動産や自動車
- 預貯金（申立てまでの2年分を記帳する）
- 退職金（勤務先から計算書・証明書を作成してもらう）
- 生命保険の解約返戻金（計算書や保険証券を用意する）
- 過払い金　　　　　　　　　　　　　　　　　　　　　　　など

■家計の調査

家計の状況についても、資料としてまとめる必要があります。具体的には **「家計簿」** をつけ、収入と支出の流れを明らかにします。

免責不許可事由には、「浪費」や「債権者隠し」といったものがあります。家計の状況や支出先を確認することで、「浪費していな

いか、隠している債権者がいないか」等を確認することにもなるのです。

■その他

ほかにも、住民票や破産に至った経緯を自身でまとめる**「陳述書」**、あるいは弁護士がまとめる**「報告書」**等も準備する必要があります。

借入れや財産の状況に応じて必要書類も変わってくるので、自身で破産申立てをしようとする場合には、注意する必要があるでしょう。

また、破産を申し立てる一番の目的は、債務をなくす決定である「免責許可決定」を得ることです。そのため、準備段階でも免責不許可事由がないことをしっかりと確認する視点で、これらの準備をしておく必要があります。

破産申立書の作成

最後に、調査をふまえて、**「破産申立書」**（88ページを参照）を作成することになります。破産申立書の書式自体は、裁判所のホームページなどで入手することができるため、自身で申立てをするのであれば、これを利用します。弁護士が申立てをするのであれば、弁護士が作成することになります。

そして、これらの調査・準備がしっかりできていれば、申立てにあたって、「同時廃止が利用できるのか」「管財事件となるのか」「管財事件になるとして少額管財が利用できるのか」というはっきりとした見通しを立てることができます。

準備が終われば、いよいよ裁判所に破産申立てを行ないます。

2-6 手続きの流れを知ろう②
同時廃止の場合
破産手続と免責許可の申立てを同時に行なう

破産手続の開始

■申立て

まずは、裁判所に対して「破産をしたい」と申立てを行なわなければなりません。先ほどの「破産申立書」等、準備した書類を裁判所に提出することになります。

この際、二つの申立てを同時に行ないます。一つは、**①破産手続開始の申立て**です。これは、債権者のために財産等を清算する手続き（破産手続）の開始を求めるものです。

もう一つは、**②免責許可の申立て**です。これは、債務者のために債務をなくす手続き（免責手続）の開始を求めるものです。

■破産手続開始決定

①破産手続開始の申立てに対して、裁判所は、破産手続を開始する決定をします。

この決定は、裁判官が破産申立書を読んだり、本人あるいは申立代理人から事情を聴取したりして、破産に至った事情を把握したうえで行なわれます。

そのため、自身で申立てをされる場合、ケースによっては裁判所で裁判官からの質問に答える（これを**「審尋」**（しんじん）といいます）必要があります。

第2章　自己破産のしくみとポイント

弁護士が代理人として申立てをする場合には、審尋そのものがなかったり、破産申立書の提出時に代理人が裁判官と面接し、質問を受けたりします。

運用方法は裁判所によって変わりますし、代理人弁護士による申立てかどうかでも変わってきますから、注意が必要です。

同時廃止とするのか、管財事件とするのかの決定も、この時に行なわれます。

破産手続の終了（同時廃止決定）

同時廃止の場合、債権者に清算すべき財産がないので、破産手続を行なう必要はありません。

そのため、破産手続の開始決定と同時に、破産手続の廃止（「破産手続を終わらせること」と理解してください）も決定されます。

この時点で、①破産手続は終了します。

免責手続

もっとも、②免責許可の申立てに対する手続きはまだ終了していません。そこで、この免責手続だけが進むことになります。

■免責審尋

免責手続は、まず、債務者の債務をなくす免責という決定を行なうために、債権者の意見を聞いたり、債務者自身から事情を聴取したりします。

この、債務者から事情を聴く手続きを**「免責審尋」**といいます。免責審尋は、代理人による申立てであったとしても、債務者本人が裁判所に出頭し、裁判官から直接質問を受けることが多いです。

事情を事細かに聞かれることはなく、破産申立書に間違いがないかどうかなどの確認にとどまり、数分程度で終了する場合も多いのですが、裁判所が免責の可否を判断するための大切な手続きです。弁護士が同行することも多いですから、ご相談されるとよいでしょう。

■免責許可決定（または、免責不許可決定）

　債権者の意見や免責審尋の結果をふまえ、裁判所は免責を許可するか否かの決定を行ないます。
　免責許可が決定され、これが確定すれば、債務の支払責任が免除されることになります。

> ※裁判所の免責許可決定に対して、債権者が不服を申し立てる手続き（即時抗告）が用意されているため、すぐに確定するわけではありません

　以上が、同時廃止手続の大まかな流れとなります。

債務者自身が参加する手続きは？

　これらの手続きのなかで、債務者自身が参加しなければならないのは、「破産申立時の審尋」と「免責審尋」の2つです。
　もっとも、弁護士に依頼して代理人が申立てを行なう場合、破産申立時の審尋が行なわれないのが原則的な流れです。そのため実際には、免責審尋のみ参加する形となるでしょう。
　すでに述べたとおり、免責審尋が数分程度で終了する場合も多いですから、自身が直接対応しなければならない手続きは管財事件と比べて少なく、負担は小さくなります。

2-7 手続きの流れを知ろう③
管財事件の場合

破産管財人との打ち合わせなど、時間や負担は大きい

破産手続の開始

■申立て

管財事件の場合も、①破産手続開始の申立てと、②免責許可の申立てを行なう点は、同時廃止と変わりません。

■破産手続開始決定

①破産手続開始の申立てに対して、裁判所は破産手続を開始する決定をします。そして、管財事件とされた場合には、この時点で、「破産管財人」が選ばれることになります。

同時廃止の場合とは異なり、選ばれた破産管財人の主導のもと、①破産手続は終了せず、継続することになります。

破産手続の実際

①破産手続では、破産管財人による破産者の財産の調査や管理、免責不許可事由の有無の確認などが行なわれます。破産者に財産があれば、これを債権者に配当（分け与える）するために、お金に換えなければなりません。

こうした破産管財人の業務遂行のために、次項で説明するような一定の制限（郵便物等の転送や住居の制限など）が課せられます。そして、破産者自身が参加しなければならない手続きも存在します。

◎管財事件の手続き◎

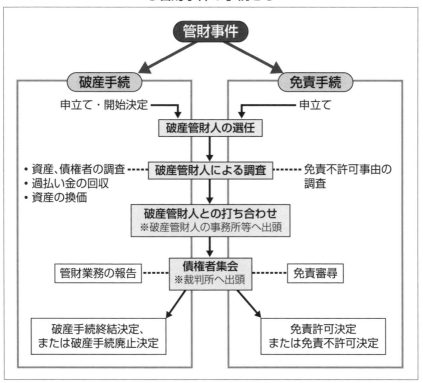

■破産管財人との打ち合わせ

まず、①破産手続にあたって、破産管財人との打ち合わせの機会が設けられます。

これは、破産管財人となった弁護士の事務所等で行なわれますので、指定された場所へ赴く必要があります。

破産に至った事情や、財産に関する事情等について説明を求められることもあれば、追加で必要な書類の準備・提出を求められることもあります。

また破産管財人は、破産者に免責不許可事由がないかの調査もしますから、破産手続だけでなく、免責手続に関しての打ち合わせも

兼ねていると考えてよいでしょう。

■債権者集会

　破産手続の最終段階では、裁判所で行なわれる**「債権者集会」**に出頭しなければなりません。

　債権者集会は、まず破産管財人が裁判所や債権者に対し、管財業務の結果を報告・説明するのが中心です。具体的には、債権者への配当の有無などが報告されることになります。

　債権者集会といっても、実際には債権者である貸金業者等が参加することは多くありません。他方で、債権者に個人がふくまれる場合、個人債権者が参加し、意見を述べるというケースはそれなりにあります。

　多くの場合、債権者集会は一度で終わりますが、財産の処分中であるようなケース（不動産の売却や過払金の請求中などが典型です）等には、第二回以降の債権者集会が設定されることもあります。

破産手続の終了

　債権者集会における破産管財人の報告、債権者の意見等を経て、裁判所は破産手続を終了する決定をします。

　配当がされて終了する場合を**「破産手続終結決定」**、配当すべき財産がないため配当されずに終了する場合を**「破産手続廃止決定」**といいます。

　ここまで、①破産手続が継続されることになるのです。

免責手続

　管財手続の場合には、②免責手続も①破産手続と並行して行なわ

れます。

■免責審尋

　破産管財人との打ち合わせで、免責不許可事由の有無についても調査されることはすでに述べました。これをふまえて、債権者集会中に、破産管財人が免責についての意見も述べ、免責審尋も行なわれることになります。

　そのため、免責審尋のためだけの期日が、別で設けられるわけではありません。

■免責許可決定（または、免責不許可決定）

　そのあと、免責についての裁判所の決定が出る点は、同時廃止の場合と同様です。

　以上が、管財事件の大まかな流れとなります。

債務者自身が参加する手続きは？

　これらの手続きのなかで、債務者自身が参加しなければならないのは、「破産申立時の審尋」「破産管財人との打ち合わせ」「債権者集会」です。代理人が申立てを行なう場合、破産申立時の審尋は行なわれないことが多いのは、同時廃止の場合と同様です。

　もっとも、同時廃止の場合と異なり、破産管財人との打ち合わせや債権者集会は、いずれも複数回になる可能性があります。

　また、破産管財人との打ち合わせは、比較的時間がかかるケースが多いです。債権者集会も、債権者が参加した場合などはある程度時間を要することもあります。この点での時間や負担は、同時廃止の場合よりも大きいといえるでしょう。

2-8 自己破産のメリット・デメリット

メリットは大きいが、制限されることもある

自己破産のメリットとは？

■免責許可決定の意味

　債務者にとって自己破産をする最大のメリットは、免責を受けることができる点です。免責許可の決定の効果は第3章で詳しく述べますが、多くの場合、借金が免除される点にあると説明されます。

　細かくいえば、借金の債務自体が消滅するのではなく、債権者が取立てをできなくなるということですが、支払いに追われる状況から抜け出すことができる点で、大きなメリットがあります。

■他の整理方法では借金はなくならない

　他の債務整理方法のメリットは第4章以降で述べますが、特定調停（第5章）では、借金の元金に加え、利息や遅延損害金までふくめて支払わなければならないことが多いです。

　任意整理（第4章）では利息や遅延損害金をカットされることが多いですが、過払い金がない限り、借金の元金が大きく減ることはありません。個人再生（第5章）でも債務の減額（圧縮）はできますが、借金がなくなるわけではありません。そのため、免責を得られるというメリットは、他の債務整理方法にはありません。

■免責されない債権もある

　もっとも、すべての債務が免責されるわけではないことに注意が

必要です（破産法253条1項ただし書各号）。比較的多く問題になるのは、税金や養育費・婚姻費用等でしょう。これらの債権は、免責されずに破産後も支払う必要があります。相談の段階から、どの債権が免責の対象になるのかを区別しておきましょう。

自己破産のデメリットとは？

■信用情報に傷がつく（ブラックリストに載る）

自己破産に限らず、債務整理の手続きを行なう場合、**信用情報機関に登録されること**になります。俗にいう、「ブラックリスト」に載るという状態です。これにより一定期間、新たに借入れをしたり、ローンを組んだり、クレジットカードを作ることができなくなります。

自己破産の場合の一定期間は5年から10年程度といわれますから、この期間を過ぎれば、また借入等を行なうことも可能です。

■財産を手放さなければならないことがある

自己破産のうち、破産手続は債権者のために財産等を清算する手続きです。そのため、自由財産（第3章で詳述します）にふくまれない財産は、手放す必要があります。したがって、不動産や自動車など、高額の資産は手放さなければならないのです。

■自己破産手続中に制限されてしまうこと

自己破産の手続きが進行している間（破産手続開始決定から免責許可決定までの期間と考えてください）は、制限されることがあります。

①職業が制限されてしまうことがある？

破産手続中は、一定の職業（資格）に就くことができません。弁

護士や公認会計士等、いわゆる「士業」の多くがふくまれます。また、警備員や生命保険募集人、損害保険代理店等もふくまれます。
　その他多くの職業（資格）制限があるため、いまの職業が該当するかどうか、弁護士等に相談するのがよいでしょう。

②郵便物が転送されてしまう
　管財事件では、裁判所の許可により破産者宛の郵便物を破産管財人に転送することができます。そのため、管財事件が進行している期間については、郵便物を直接受け取れない場合も多いです。
　もちろん、自己破産手続上で不要な郵便物（年賀状等が典型でしょう）であれば、自己破産手続中であっても破産管財人から受け取ることができるケースもあります。

③裁判所に身柄を拘束されてしまう？
　自己破産の手続中には、破産者自身が出頭しなければならない手続きがいくつかあります。そのため、これらの手続きに破産者が出頭しない、あるいは手続きに協力しないようなことがあると、裁判所にとっても不都合です。
　そこで裁判所が必要と認める場合には、破産者が身体拘束（「引致（いんち）」といいます）を受けることがあるのです。
　この手続きに限っては、破産申立てがあれば、破産手続開始決定の前であっても行なわれる可能性があります。
　もっとも、素直に手続きに応じていれば必要はないですし、実際に身体拘束されたケースはほとんどありません。

■自己破産手続中も制限されないこと
①海外旅行には行ける？　引越しはできる？
　破産手続中、破産者は裁判所の許可を得ずに居住地を離れること

ができません。そのため、引越しや長期旅行がまったくできないと思われている方もいるようです。しかし裁判所の許可があれば、転居することも長期の旅行も可能です。事前に裁判所の許可を得られるよう、早い段階から弁護士等に相談し、計画するとよいでしょう。

②選挙権も失われない

時に質問を受けるのが、「自己破産をすると選挙権を停止されてしまうのではないか」ということです。しかし公職選挙法等の法律上、自己破産によって選挙権・被選挙権が制限される規定はありません。

③戸籍に傷はつかない

「戸籍や住民票に記録が残るのではないか」という質問も受けますが、これらの書類に自己破産の履歴が残ることはありません。

■官報に記載される

最後に、破産者の名前は「官報」に掲載されます。官報とは、法令など政府情報の公的な伝達手段であり、政府が毎日発行する新聞のようなものと理解していただければよいでしょう。

新聞に名前が掲載されると聞くと、大々的に世間に知られてしまうように思うかもしれませんが、現実には官報を毎日、すみずみまで確認している人は少ないと思います。ですから、世間に知られてしまうと心配をする必要はないでしょう。

このように、自己破産にもデメリットはあります。しかし、資産がない場合には失うものもありませんし、デメリットの多くは一時的なものです。ですから、みなさんが思っているほどデメリットは大きなものではないと、ご理解いただけたかと思います。

2-9 免責不許可事由とは？

ギャンブルなどの事情でも、免責許可決定が出ることがある

　前述のとおり、自己破産の最大のメリットは免責を得られることです。しかし破産法には、免責を得られない場合が規定されています（破産法252条1項各号）。これらの事情は、**「免責不許可事由」**と呼ばれます。

　免責不許可事由のうち、問題になることが多いものをいくつか挙げてみましょう。

借入れの経緯に関すること

■ギャンブルや浪費

　まず、ギャンブルのために借金をしていたようなケースが挙げられます。ギャンブルといっても、競馬やパチンコだけでなく、不動産投資やFX（外国為替証拠金取引）などもふくまれます。

　また、多額の借金を遊興費（遊びや趣味・娯楽、宴会等の飲食に使った金銭）に充てていたような場合も、免責不許可事由に該当します。

■転売行為

　ローンで購入した品物を、ローン返済中に転売し、現金化するような行為も免責不許可事由にふくまれます。

破産手続を妨害すること

　以下の行為を行なった場合、免責というメリットは破産者に与えられません。

①破産管財人に協力しない
　免責は、誰よりも破産者にメリットがある制度です。
　そして、免責のための手続きの多くを行なうのが破産管財人です。この破産管財人に協力しない破産者の行為は、破産手続を妨害するものです。

②財産を隠す
　自己破産の手続きには、免責手続だけでなく、債権者のために財産等を清算する手続き（破産手続）もふくまれます。
　財産を隠す行為は、破産手続を妨げるものです。

③債権者を明かさない
　同様に、債権者を明かさないのも、破産手続を妨げる行為にあたります。

④債権者を平等に扱わない
　破産手続は、債権者間に不公平が生じないよう、公正に清算を行なわなければなりません。
　そのため、たとえば一部の債権者にだけ全額返済してしまうなど、不公平を生じさせる行為は禁止されます。

免責不許可事由があっても免責されることがある

　もし、免責不許可事由に該当する心当たりがあっても、正直に事情を話してください。

　免責不許可事由に該当する場合でも、裁判所は諸事情を考慮して、免責許可決定を出すことができるのです。

　ギャンブルや浪費があっても、その後の態度等の事情によっては、十分、免責が得られる可能性があるのです。

　むしろ、これらの事情を隠し、これが裁判所や破産管財人にばれてしまうと大変です。

　破産管財人や裁判所に対して嘘をつくこととなり、手続きを害しているものとして、免責不許可事由を強固にしてしまいます。

　相談当初から、免責不許可事由に該当してしまうかもしれない事情を弁護士等に説明しておき、対応を相談しましょう。

2-10 自己破産という選択

弁護士等に十分に相談しつつ、整理方法を検討する

免責という効果は他の債務整理では得られない

これまで述べてきたように、自己破産の最大の特徴は、免責が得られる点です。このメリットは、他の債務整理方法にはないものであって、債務者の最も望む結果であることが多いです。

デメリットはすべてが問題となるわけではない

他方で、デメリットには他の債務整理と共通するものがあります。
たとえば、他の債務整理でも、信用情報機関に登録される（ブラックリストに載る）ことは変わりません。
金額に多少の差はありますが、弁護士費用がかかることも変わらないでしょう。
また、「個人再生」でも、官報に名前が掲載されてしまいます。
郵便物の転送等、破産手続中にだけ被る不利益については、一時的なものですから、手続きが終了すれば、すみやかに問題が解決するはずです。

注意すべきポイント

もっとも、「財産が清算されてしまうのは避けたい」「職業を失うわけにはいかない」「そもそも免責されない可能性が高い」といっ

た場合には、注意が必要でしょう。

　たとえば、実家を不動産として所有しており、これを手放すわけにはいかない場合には、破産手続のデメリットはあまりにも大きいです。

　また、破産手続中に警備員の仕事ができなくなってしまうと、職を失うかもしれないのであれば、そのデメリットも見過ごせないでしょう。

　さらには、ギャンブルによる借金が多くを占めており、免責が得られないとなると、結局、破産手続を行なってもメリットを得られない可能性があります。

　これらの事情が思い当たる時には、免責という大きなメリットが得られるとしても、自己破産に踏み切るべきか、むずかしいところです。その他の方法も考えながら、弁護士等と十分に相談するべきでしょう。

　債務者の方が苦しんでいる最大の原因は借金の大きさです。この借金がなくなれば、その後の生活を立て直すために、大きく前進することができます。

　上記のような事情がないのであれば、自己破産という選択肢も考慮に入れ、債務整理を検討されるとよいでしょう。

第3章

自己破産の手続きの注意点

3-1 専門家に依頼したほうがよいのか？

90%以上の人が手続きを依頼しているといわれている

　前章で説明したように、自己破産にはある程度の財産がある場合や借金の原因がギャンブルであるなど、免責不許可事由がある場合の「管財事件」と、財産もなく、免責不許可事由がない場合にとられる「同時廃止」の2つの方法があります。どちらの方法によるべきかがわかれば、いざ自己破産の申立ての準備に入ります。

　では、申立ては弁護士や司法書士といった法律の専門家に依頼したほうがよいのでしょうか。実際のところ、自己破産手続をとる方の90％以上が、弁護士などの専門家に手続きを依頼しているといわれています。

　専門家に依頼すべきかどうかは、それぞれの方の知識の程度、債務額、どういった債権者がいるのか等の具体的状況によって変わります。「絶対に専門家に依頼すべきだ」とはいえませんが、仕事を抱えながら金融業者の対応をしたり、申立書類を作成したりするのは、実際にはなかなかむずかしいことかもしれません。

　ここでは、弁護士などの法律の専門家に依頼したほうがいいのか、自身でも対応できるのかという判断のために、専門家に手続きを依頼するメリット・デメリットを説明します。

法律の専門家に依頼するメリット

①債権者からの取立てを止めることができる

　弁護士などの専門家に手続きを依頼した場合の一番のメリットは、

依頼した時点で金融業者等の債権者からの取立てを止めることができるという点でしょう。

　弁護士などに依頼した場合、専門家は「受任通知」という文書を債権者に送ります。受任通知は、「専門家が債務者の代理人として債務整理を行なうので、今後の連絡は代理人である専門家にお願いします」という内容の文書です。これが送られると、債権者は債務者に直接取立てを行なうことはできなくなるのです。

　債務者の取立ては自身だけでなく、ご家族や勤務先等にも迷惑をかける場合があります。取立てが止まることは、周囲の方にも安心感を与えることができるでしょう。

②すべての作業を任せることができる

　自己破産の申立てにあたっては、次項で述べるように大量の書類を用意しなければなりません。そのうえでこれらを裁判所へ出向いて提出するなど、自己破産の申立てには大変な時間と労力が必要になります。

　さらに、書類は収集だけで済むものばかりではなく、財産調査等の作業をしたうえで自ら作成する必要があるものも多いですし、各書類には裁判所によって書式が定められており、これらの書式を裁判所に受け取りに行かなければならないという手間もかかります。

　しかし、弁護士などの専門家に依頼すれば、これらの作業をすべて任せることができますから、面倒な事務作業から解放されます。

③免責許可決定を得られる可能性が高まる

　弁護士などは法律の専門家ですから、破産手続に精通しています。したがって、法律知識やこれまでの経験を活かし、必要書類の作成にあたって工夫したり、債務者と裁判官の面接の機会である審尋の前には、「裁判官の質問にどのように答えればいいのか」などもア

ドバイスしてもらえるでしょう。

　こうしたことにより、自身で自己破産手続をする場合よりも「免責許可決定」（自己破産を認める決定）を得られる可能性が高まるといえます。

　さらに、弁護士に依頼する場合、次の２つのメリットがあります。司法書士等では、以下のメリットはないので注意が必要です。

④手続きが早く終了する可能性がある

　裁判所から破産手続開始決定が下りるのは、通常であれば、申立てを行なってから１〜２か月かかります。

　しかし、手続きを弁護士に依頼した場合、東京地方裁判所など一部の裁判所では**「即日面接」**という制度があり、申立てを行なった当日に弁護士が裁判官と面接を行ない、破産申立書をもとに申立てに至った経緯等を説明することができます。

　そして、その場で裁判官に「申立人が支払不能にある」と判断してもらえた場合は、**早ければ当日にも破産手続開始決定を出してもらえる**のです。

　このように、弁護士に手続きを依頼することで、**自己破産の手続きにかかる時間を月単位で短縮できる可能性がある**のです。手続きに要する時間は少しでも短縮したい方がほとんどでしょうから、これも大きなメリットだといえます。

⑤少額管財事件を利用できる

　破産手続開始決定後、換価するほどの財産がある場合には「管財事件」となり、破産管財人が選任されます。破産管財人が破産者の財産である「破産財団」に属する財産を処分・換価し、その後、それが各債権者に配当されます。

　しかし、この場合でも弁護士が代理人となっていると、東京地方

裁判所など一部の裁判所では、「少額管財事件」を利用できるケースがあります。少額管財事件とは、管財事件において債務者が負担すべき費用である「予納金」が少なくて済む手続きです。

通常の管財事件の予納金は「最低50万円」とされていますが、少額管財事件の予納金は「最低20万円」と大きな差があります。

法律の専門家に依頼するデメリット

デメリットは、強いていえば、専門家に支払う費用がかかるという点だけでしょう。

たしかに、自己破産を検討するような状況ですから、弁護士などの専門家への費用の支払いは大きな問題です。しかし、専門家への支払いがむずかしい場合には、国が弁護士費用を立て替えてくれる**「民事法律扶助」**というしくみの利用も考えられます。

民事法律扶助業務とは、経済的に余裕がない方が法的トラブルに

◎専門家に依頼するメリット・デメリット◎

メリット	デメリット
・債権者からの取立てを止めることができる ・すべての作業を任せることができる ・免責許可決定が得られる可能性が高まる ・手続きが早く終了する可能性がある（弁護士に依頼した時のみ） ・少額管財事件を利用できる（弁護士に依頼した時のみ）	・費用がかかる

あった時に、無料で法律相談を行ない（「法律相談援助」）、弁護士・司法書士の費用の立替えを行なう（「代理援助」「書類作成援助」）業務です。

　扶助事業の対象者は、国民および我が国に住所を有し、適法に在留する外国人です。法人・組合等の団体は対象者にふくまれません（総合法律支援法第30条第1項2号）。

　以上、弁護士などの専門家に依頼する場合のメリットとデメリットを説明してきました。一般的には専門家に依頼するほうがよいケースが多いと考えられますが、これらを検討したうえで、最終的に自身で進めるか専門家に依頼するのかを決めましょう。

3-2 自分で手続きをする場合の流れ

申立書類の作成、申立て、申立て後の手続きがある

　ここからは、自身で自己破産の手続きをする場合について説明しますが、おそらく多くの方は、手続きを弁護士等の専門家に依頼することになると思います。前項でも説明したように、弁護士等の専門家に依頼した場合、基本的に審尋や債権者集会といった申立人本人しか対応できないこと以外のすべてを対応してくれます。

　したがって、3-2から3-7までの項目では、大まかな手続きの流れとポイント、注意すべき点だけを解説していきます。

　自己破産の手続きは、大きく次の3つの段階に分けることができます。すなわち、①**申立書類の作成**、②**申立て**、③**申立て後の手続き**の3つです。

①申立書類の作成

　自己破産の申立てをするにあたっては、「破産申立書」を管轄の地方裁判所に提出します。したがって、破産申立書の作成が必須です。

　破産申立書は各地方裁判所によって形式が異なることから、あなたの住所地を管轄する地方裁判所（基本的に自分の住民票がある地域を管轄する地方裁判所です）に問い合わせて書式を調べましょう。

　この破産申立書のほか、住民票や戸籍等の添付書類も収集・作成する必要があります。

　これらも各地方裁判所で書式を用意していることが多いため、破産申立書について問い合わせをする際に、添付書類の書式も手に入れましょう。破産申立書の作成と添付書類の概要・ポイントについては、3-3以下で説明します。

②申立て

　破産申立書を作成し、添付書類をそろえたらいよいよ申立てです。自分で地方裁判所の破産係の窓口に持参して提出するほか、郵送での提出も認められています。

③申立て後の手続き

　申立てを行なったあとは、管財手続の場合は破産管財人がさまざまな手続きを行なうので、申立人がすべきことはあまり多くありません。基本的には債権者への通知、裁判所に出頭して裁判官から事情を聞かれる手続きである審尋（審問ともいいます）と、裁判所や破産管財人からの追加書類の提出依頼への対応等です。これらについては、3-7以下で改めて説明します。

◎申立てから免責手続までの流れ◎

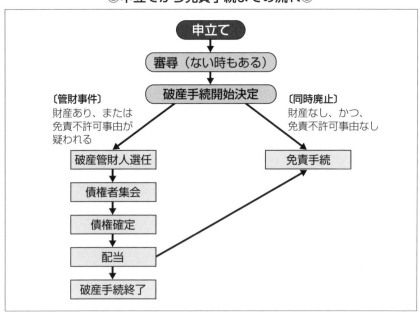

3-3 申立書類の作成①
破産申立書の作成と添付書類
各地方裁判所の書式を利用する

　破産申立書は、正式には**「破産手続開始・免責許可申立書」**といい、記載事項は大きく2つに分けられます。1つは、**「申立ての趣旨・理由」**です。もう1つが、申立人の住所・氏名・生年月日・本籍・住所など**「申立人に関する事項」**です。

①申立ての趣旨・理由
　申立ての趣旨には、「破産手続の開始と免責の許可を求める」旨を、申立ての理由とは、「添付の債権者一覧表のとおり債務を負担しており支払うことができない」という趣旨の記述を記載します。
　これらについては、裁判所に用意してある定型の申立書にはじめから記載されていますから、自分で記載することはないでしょう。

②破産申立書は裁判所で手に入る
　破産申立書は、各地方裁判所が定型の書式を用意しています。自分で申立ての手続きをされる場合は、ぜひこの書式を利用しましょう。破産申立書は地方裁判所ごとに書式が若干異なりますので、自分の住所地を管轄する地方裁判所に問い合わせをして、管轄の地方裁判所の書式を手に入れるようにしてください。

添付書類の内容

　自己破産の申立てでは、破産申立書のほかに次のような書類を提出することが求められます。これらの必要な書類を**「添付書類」**と

◎破産申立書（東京書式）の雛型◎

破産手続開始・免責許可申立書

東京地方裁判所民事第２０部　御中

印紙 1500円 郵券 4100円	
係印	備考

印紙 1500円

平成　　年　　月　　日

（ふりがな）
申立人氏名：＿＿＿＿＿＿＿＿＿＿＿＿＿＿＿＿

　　（ふりがな）　　　　　（ふりがな）
　（□旧姓＿＿＿＿＿　□通称名＿＿＿＿＿　旧姓・通称で借入れした場合のみ）
生年月日：大・昭・平　　年　　月　　日生（　　歳）
本　　籍：別添住民票記載のとおり
現住所：□別添住民票記載のとおり（〒　　－　　　）※郵便番号は必ず記入すること
　　　　□住民票と異なる場合：〒　　－＿＿＿＿＿＿＿＿＿＿＿＿＿＿＿＿＿＿＿＿
現居所（住所と別に居所がある場合）：〒　　－＿＿＿＿＿＿＿＿＿＿＿＿＿＿＿＿
申立人代理人（代理人が複数いる場合には主任代理人を明記すること）

　　　　　　　　　　申　立　て　の　趣　旨
　１　申立人について破産手続を開始する。
　２　申立人（破産者）について免責を許可する。
　　　　　　　　　　申　立　て　の　理　由
　　　申立人は，添付の債権者一覧表のとおりの債務を負担しているが，添付の陳
　　述書及び資産目録記載のとおり，支払不能状態にある。
手続についての意見：□同時廃止　□管財手続
即日面接（申立日から３日以内）の希望の有無：□希望する　□希望しない
・生活保護受給【□無　□有】→□生活保護受給証明書の写し
・所有不動産　【□無　□有】→□オーバーローンの定形上申書あり（　　倍）
・破産・個人再生・民事再生の関連事件（申立予定を含む）
　　　　　　【□無　□有（事件番号　　　　　　　　　　）】
管轄に関する意見
　□住民票上の住所が東京都にある。
　□大規模事件管轄又は関連事件管轄がある。
　□経済生活の本拠が東京都にある。
　　　勤務先の所在地　〒　　　－＿＿＿＿＿＿＿＿＿＿＿＿＿＿＿＿＿＿＿＿＿
　□東京地裁に管轄を認めるべきその他の事項がある。

いいます。ここでは、主なものを見ていきましょう。

①住民票・戸籍謄本

「住民票」は、家族全員の記載があり、世帯主・続柄・本籍地等がすべて省略されずに記載されているものです（マイナンバーの記載がないものが必要）。「申立ての日から3か月以内に発行されたもの」である必要がありますから、注意が必要です。住民票は、お住まいの市区町村役場の窓口で手に入ります。また、郵送での請求も可能です。

「戸籍謄本」も住民票同様、世帯全員の記載があるものが必要です。また、「申立ての日から3か月以内に発行されたもの」が求められます。戸籍謄本は、住所地ではなく、本籍地の市区町村役場に交付を請求します。住所地と本籍地が異なる場合には、請求する市区町村役場が異なるので注意しましょう。交付請求は、住民票同様、窓口のほか、郵送でも可能です。

②陳述書

「陳述書」とは、自己破産の申立てをするに至った経緯を説明するための書類です。自己破産に至る経緯のほか、現在の生活状況や財産状況等も記載します。

陳述書は、申立人が破産の要件である「支払不能の状況にあるかどうか」を知るために裁判所が提出を求める書面ですから、どういった原因で債務が増え、なぜ返済できなくなったのかという点を、現在の収入状況等もふまえてわかりやすく説明する必要があります。

③債権者一覧表

これは、「いつ、誰に、いくら借りたか」、そして「それをどのように使ったのか」ということを明らかにするために必要な書類です。

金融業者だけでなく、友人・知人等の個人債権者も記載します。すべての債権者をもらさず記載するようにしましょう。

④財産目録

　裁判所が、申立人の資産状況を把握するために提出する書類です。手持ち現金、預貯金の有無（あるとすればその金額）、生命保険等の各種保険に加入しているか否か、退職金の受給の見込みの有無（あるとすればその金額）、不動産を所有しているか否か、ゴルフ会員権などの有価証券の有無、その他換価処分できそうな動産の有無等、申立人のおよそすべての資産状況を報告する必要があります。

　財産目録に重大な記載もれがあったり、故意に虚偽の記載をしていたことが判明すると免責許可を得られないこともあり得ますから、正直に申告するべきです。

　なお、不動産や有価証券等の資産を所有している場合、登記簿謄本や証券口座の履歴等、資産に関する資料の提出も求められます。

⑤家計全体の状況

　家計全体の状況とは、わかりやすくいえば、家計簿です。申立て直近2か月分の一家全体の家計状況を記載します。配偶者等の同居人をふくめた給与や賞与等の収入状況、水道光熱費、食費等の支出状況等、申立て時の申立人の経済的な状況が裁判所に明らかになるような事項を記載します。

　裁判所によって提出を求められる期間が異なるので、申立て前に何か月分の家計全体の状況が必要なのかを確認しましょう。

　これら添付書類については、多くの地方裁判所で定型の書式を用意しており、自分で一から作成しなければならないケースは少ないでしょう。また、定型の書式がある場合には、裁判所としてもその書式の利用を促していますから、自分で手続きをする際には、まず

は定型の書式の有無や、取り寄せ方法について管轄の地方裁判所に問い合わせるのがよいでしょう。

◎自己破産申立てに必要なその他の書類◎

●申立てに最低必要な書類
- □ 住民票（3か月以内発行で、世帯全員のもの）
- □ 戸籍謄本または抄本（3か月以内発行のもの）
- □ 生活保護・年金・各種扶助などの受給証明書のコピー
- □ 給料明細書のコピー
- □ 源泉徴収票のコピーまたは区役所発行の課税証明書（課税証明書のない人は不要）
- □ 退職金計算書
- □ 通帳のコピー
- □ 生命保険証書、生命保険の解約返戻金計算書のコピー
- □ 車検証・登録事項証明書のコピー

●不動産所有者が必要な書類
- □ 不動産登記事項証明書（3か月以内発行のもの）
- □ 不動産評価関係書類
- □ ローン残高証明書
- □ 不動産物件目録

●自営業（個人事業者・法人代表者）の人が必要な書類
- □ 事業に関する陳述書
- □ 業務内容、営業状態、倒産に至る経緯、営業継続の有無
- □ 資産、負債の概要、整理、清算の概況
- □ 従業員の状況、解雇の有無
- □ 法人に関する訴訟の有無、破産申立予定の有無
- □ その他、税金の申告書控え（直近の2期分）のコピー

※上記は、東京地方裁判所の同時廃止の時の取扱いです。各地方裁判所により若干異なります

3-4 申立書類の作成②
陳述書
故意に虚偽の記載をすると、自己破産が認められないこともある

　ここからは、前項で挙げた添付書類のなかでも特に重要な「陳述書」の作成のポイントを説明します。

陳述書の役割

　陳述書は、裁判所が破産開始決定を判断するために参照する書類です。すなわち、申立人の生活状況を詳細に把握し、申立人が支払不能の状況にあるかどうかを判断するために必要な書類なのです。
　陳述書の役割を考えると、①破産申立てに至った事情を記載すべきことは不可欠だといえます。
　また、多くの地方裁判所では、②経歴、③家族関係、④現在の住居の状況の記載が求められます。

具体的な記載事項

①破産申立てに至った事情
　具体的には、次のような事項を記載する必要があります。

■いつ、誰から、いくら、何のために借りたか
　破産手続が終われば申立人は債務から解放されますが、債権者からすれば、貸したお金がまったく回収できないか、返ってきてもほんのわずかという状況に置かれます。
　このように自己破産は債権者に重大な影響を及ぼすため、「いつ、

どんな金融業者から、いくら借りたか、それはどういう理由なのか、実際の使い道はなんだったのか」という点をふまえて裁判所は破産の申立てを認めるかどうかを判断します。

したがって、これらについては時系列にそって可能な限り具体的かつ正確に記載しましょう。故意に虚偽の記載をすると、それを理由に自己破産が認められないこともあり得ますから、絶対にうその記載はしないようにしましょう。

■借金を支払うことができなくなった事情

はじめから踏み倒すつもりでお金を借りる人はほとんどおらず、何らかの事情で返したくても返せなくなったという方ばかりだと思います。

自己破産にあたっても、「なぜ返せなくなったのか」「それはいつなのか」という事情が重視されるので、たとえば病気が理由で半年前に退職を余儀なくされ収入を失ったためなど、具体的かつ詳細に記載することが求められます。

■債権者との関係

場合によっては、支払えなくなった借金の支払い方法について債権者と話し合いをしていたり、訴訟を起こされた、差押えをされているということもあるでしょう。そうした事情があれば、それらも記載します。

■これまでの生活状況等

破産法上、浪費やギャンブル等の免責不許可事由がある場合には、基本的に免責が認められないことは説明しました。

これら免責不許可事由に関する生活実態の有無や、その具体的な状況についての記載が求められます。

自分にとって不都合な事実だからといって隠さず、正直に記載しましょう。

②経歴
　申立ての10年前から現在に至るまでの経歴を記載します。就職していた場合、勤務先の会社名、雇用形態を現在に至るまで正確に記載しましょう。
　10年前というのは一応の目安であり、自己破産につながる事情の説明に必要ということであれば、さらにさかのぼって記載すべきでしょう。

③家族関係
　裁判所が、申立人の生活状況、収入状況を把握するために求められます。具体的には、氏名、年齢、申立人から見た続柄、職業、同居の有無も記述します。

④現在の住居の状況
　これも、裁判所が申立人の生活状況を把握するために求められる事項です。
　賃貸物件か持ち家か、賃貸だとしたら誰が借りているのか、民間賃貸か公営賃貸か、持ち家だとしたら誰の所有なのか等、家計の状況や資産状況を明らかにするために必要な事項を記載します。

◎陳述書の記入例◎

申立人債務者＿＿甲山太郎＿＿に関する

 ☑ 陳述書（作成名義人は申立人＿＿＿甲山太郎＿＿＿印）

 ☐ 報告書（作成名義人は申立代理人＿＿＿＿＿＿＿印）

＊いずれか書きやすい形式で本書面を作成してください。

＊適宜，別紙を付けて補充してください。

1　過去10年前から現在に至る経歴　　　　　　　　　☐ 補充あり

就　業　期　間	地　位
就業先（会社名等）	業務の内容
１８年４月～２３年３月	☐自営 ☐法人代表者 ☑勤め ☐パート・バイト ☐無職 ☐他（　　　　　）
（株）〇×	営　業
２３年４月～２５年１０月	☐自営 ☐法人代表者 ☑勤め ☐パート・バイト ☐無職 ☐他（　　　　　）
〇〇（株）	営　業
２５年１０月～　　年　　月	☐自営 ☐法人代表者 ☑勤め ☐パート・バイト ☐無職 ☐他（　　　　　）
（有）□□	営　業
年　　月～　　年　　月	☐自営 ☐法人代表者 ☐勤め ☐パート・バイト ☐無職 ☐他（　　　　　）

＊流れが分かるように時系列に記入します。

＊破産につながる事情を記入します。10年前というのは一応の目安にすぎません。

＊過去又は現在，法人の代表者の地位にある場合は，必ず記入します。

2　家族関係等　　　　　　　　　　　　　　　　　□ 補充あり

氏　名	続　柄	年　齢	職　業	同　居
甲山花子	妻	40	主婦	○
甲山一郎	長男	10	小学生	○

＊申立人の家計の収支に関係する範囲で記入してください。

＊続柄は申立人から見た関係を記入します。

＊同居の場合は同居欄に○を，別居の場合は同欄に×を記入します。

3　現在の住居の状況　　　　　　　　　　　　　　□ 補充あり

　　(ア)申立人が賃借　　イ 親族・同居人が賃借　　ウ 申立人が所有・共有

　　エ 親族が所有　　オ その他（　　　　　　　　　　　　　　　）

　　＊ア，イの場合は，次のうち該当するものに○印をつけてください。

　　(a)民間賃借　　b 公営賃借　　c 社宅・寮・官舎

　　d その他（　　　　　　　　　　　　　　　　　　　　　　）

4　今回の破産申立費用（弁護士費用を含む。）の調達方法　　□ 補充あり

　　☑ 申立人自身の収入　　□ 法テラス

　　□ 親族・友人・知人・（　　　　　　）からの援助・借入れ

　　　（→その者は，援助金・貸付金が破産申立費用に使われることを

　　　　　□ 知っていた　　□ 知らなかった）

　　□ その他（　　　　　　　　　　　　　　　　　　　　）

5　破産申立てに至った事情　　　　　　　　　　　　□ 補充あり

　　＊債務発生・増大の原因，支払不能に至る経過及び支払不能となった時期を，時系列で分かりやすく記載してください。

　　＊事業者又は事業者であった人は，事業内容，負債内容，整理・清算の概況，資産の現況，帳簿・代表者印等の管理状況，従業員の状況，法人の破産申立ての有無などをここで記載します。

6　免責不許可事由　　　　　　　　　□ 有　☑ 無　□ 不明

＊有又は不明の場合は，以下の質問に答えてください。

問1　本件破産申立てに至る経過の中で，当時の資産・収入に見合わない過大な支出又は賭博その他の射幸行為をしたことがありますか（破産法252条1項4号）。　　　　　　　　　　　　　　　　　　　　□ 補充あり

　　　□ 有（→次の①〜⑥に答えます。）　☑ 無

① 内容　ア 飲食　イ 風俗　ウ 買物（対象＿＿＿＿）　エ 旅行
　　　　オ パチンコ　カ 競馬　キ 競輪　ク 競艇　ケ 麻雀
　　　　コ 株式投資　サ 商品先物取引
　　　　シ ＦＸ（外国為替証拠金取引）
　　　　ス その他（＿＿＿＿＿＿＿＿＿＿＿＿＿＿）

＊①の内容が複数の場合は，その内容ごとに②〜⑥につき答えてください。

② 時期　＿＿＿年＿＿月頃〜＿＿＿＿年＿＿月頃

③ ②の期間中にその内容に支出した合計額
　　　　　　　　　　　ア 約＿＿＿万円　イ 不明

④ 同期間中の申立人の資産及び収入（ギャンブルや投資・投機で利益が生じたときは，その利益を考慮することは可）からみて，その支出に充てることができた金額　　ア 約＿＿＿万円　イ 不明

⑤ ③−④の額　　　　　ア 約＿＿＿万円　イ 不明

⑥ ②の終期時点の負債総額　ア 約＿＿＿万円　イ 不明

問2 破産手続開始を遅延させる目的で，著しく不利益な条件で債務を負担したり，又は信用取引により商品を購入し著しく不利益な条件で処分してしまった，ということがありますか（破産法252条1項2号）。　☐ 補充あり
　　☐ 有（→次の①～③に答えます。）　☑ 無
① 内容　ア 高利借入れ（→次の②に記入）
　　　　　イ 換金行為（→次の③に記入）
　　　　　ウ その他（　　　　　　　　　　　　　　　　　）

② 高利（出資法違反）借入れ　　　　　　　　　　　（単位：円）

借入先	借入時期	借入金額	約定利率

③ 換金行為　　　　　　　　　　　　　　　　　　（単位：円）

品名	購入価格	購入時期	換金価格	換金時期

問3 一部の債権者に特別の利益を与える目的又は他の債権者を害する目的で，義務ではない担保の提供，弁済期が到来していない債務の弁済又は代物弁済をしたことがありますか（破産法252条1項3号）。　☐ 補充あり
　　☐ 有（→以下に記入します。）　☑ 無

（単位：円）

時期	相手の名称	弁済額

問4　破産手続開始の申立日の1年前の日から破産手続開始の申立日までの間に，他人の名前を勝手に使ったり，生年月日，住所，負債額及び信用状態等について虚偽の事実を述べて，借金をしたり，信用取引をしたことがありますか（破産法252条1項5号）。　　　　　　　　　　　□補充あり

　　　□有（→以下に記入します。）　　☑無

（単位：円）

時　期	相　手　方	金　額	内　容

問5　破産手続開始（免責許可）の申立前7年以内に以下に該当する事由がありますか（破産法252条1項10号関係）。

　　　□有（番号に○をつけてください。）　　☑無

　　1　免責許可決定の確定
　　　　　　　　　　免責許可決定日　　平成　　年　　月　　日
　　　　　　　　　（決定書写しを添付）

　　2　給与所得者等再生における再生計画の遂行
　　　　　　　　　　再生計画認可決定日　平成　　年　　月　　日
　　　　　　　　　（決定書写しを添付）

　　3　ハードシップ免責決定（民事再生法235条1項，244条）の確定
　　　　　　　　　　再生計画認可決定日　平成　　年　　月　　日
　　　　　　　　　（決定書写しを添付）

問6　その他，破産法所定の免責不許可事由に該当すると思われる事由がありますか。　　　　　　　　　　　　　　　　　　　　　　　□補充あり

　　　□有　　☑無

　　有の場合は，該当法条を示し，その具体的事実を記載してください。

問7　①　破産手続開始の申立てに至る経過の中で，商人（商法4条。小商人〔商法7条，商法施行規則3条〕を除く。）であったことがありますか。
　　　　　□ 有（→次の②に答えます。）　　☑ 無
　　②　業務及び財産の状況に関する帳簿（商業帳簿等）を隠滅したり，偽造，変造したことがありますか（破産法252条1項6号）。

　　　　　　　　　　　　　　　　　　　　　　　　　　　　　□ 補充あり
　　　　□ 有　　☑ 無
　　　　有の場合は，aその時期，b内容，c理由を記載してください。

問8　本件について免責不許可事由があるとされた場合，裁量免責を相当とする事情として考えられるものを記載してください。

以上

3-5 申立書類の作成③ 債権者一覧表

記載していない債務は免責の対象とならない

債権者一覧表の役割

債権者一覧表は、申立人の債務の負担状況を明らかにするために不可欠の書類です。

借入れの古い順から記載しましょう。債権者名、住所、借入年月日、借入金額、最終返済日、現在の金額、使途、担保の有無について債権者ごとに記載します。

債権者というとサラ金や信販会社等の金融業者をイメージしますが、友人・親族等の個人からの借入れや勤務先の会社からの給与の前借り、家賃の滞納分といった、およそ負債であればすべて記載する必要があります。

一覧表にない債務は免責の対象外

債権者一覧表に記載していない債務はどうなるのでしょうか。破産の手続きが終わればすべての債務から解放されると思いがちですが、免責の対象になるのは、基本的に債権者一覧表に記載した債務だけです。

したがって、故意に記載しない債権者があった場合、その債権は免責の対象になりませんから、せっかく自己破産をしても、取立てを免れることができません。

◎債権者一覧表の記入例◎

債権者一覧表

(最初の受任通知の日 平成28年2月10日)

番号	債権者名	債権者住所（送達先）	借入始期及び終期（平成）	現在の残高（円）	原因 使途	保証人（保証人名）	最終返済日（平成）	備考（別除権 差押え等がある場合は、注記してください。）
1	○○銀行	(〒○○○-○○○○) 東京都港区○○1-2-3	23年4月5日 ～ 年 月 日	150万	原因 Ⓐ・B・C・D 使途・内容 (生活費)	☑ 無 □ 有 ( )	□ 最終返済日 28年1月10日 □ 一度も返済していない	
2	×□銀行	(〒△△△-△△△△) 東京都杉並区○○4-5-6	25年5月10日 ～ 年 月 日	100万	原因 Ⓐ・B・C・D 使途・内容 (生活費)	☑ 無 □ 有 ( )	☑ 最終返済日 28年1月30日 □ 一度も返済していない	
3	△△信用金庫	(〒□□□-□□□□) 東京都文京区○○7-8-9	27年10月5日 ～ 年 月 日	80万	原因 Ⓐ・B・C・D 使途・内容 ( )	☑ 無 □ 有 ( )	☑ 最終返済日 28年1月5日 □ 一度も返済していない	
4		(〒)	年 月 日 ～ 年 月 日		原因 A・B・C・D 使途・内容 ( )	□ 無 □ 有 ( )	□ 最終返済日 年 月 日 □ 一度も返済していない	
5		(〒)	年 月 日 ～ 年 月 日		原因 A・B・C・D 使途・内容 ( )	□ 無 □ 有 ( )	□ 最終返済日 年 月 日 □ 一度も返済していない	
6		(〒)	年 月 日 ～ 年 月 日		原因 A・B・C・D 使途・内容 ( )	□ 無 □ 有 ( )	□ 最終返済日 年 月 日 □ 一度も返済していない	
7		(〒)	年 月 日 ～ 年 月 日		原因 A・B・C・D 使途・内容 ( )	□ 無 □ 有 ( )	□ 最終返済日 年 月 日 □ 一度も返済していない	
8		(〒)	年 月 日 ～ 年 月 日		原因 A・B・C・D 使途・内容 ( )	□ 無 □ 有 ( )	□ 最終返済日 年 月 日 □ 一度も返済していない	
債権者数合計（一般用）	3名		総債権額	330万円				

「原因」欄は、A＝現金の借入れ、B＝物品購入、C＝保証、D＝その他、のいずれかの記号を○で囲む。

3-6 申立書類の作成④
財産目録
一定の財産(自由財産)は残すことができる

財産目録の役割

同時廃止になるか、管財事件になるかの基準の一つが「財産の有無」です。すなわち、申立人の財産の有無を明らかにする「財産目録」の内容によって、同時廃止か管財事件かが決まります。

財産目録に記載すべきこと

財産目録に記載すべき事項は、端的にいえば、**破産申立ての時点で申立人が有している財産すべて**です。

記載すべき項目は、手持ちの現金、預貯金、加入している保険、退職金の見込みの有無、有価証券、貸付金等が挙げられます。しかし、具体的な記載項目は各地方裁判所によって若干異なるため、管轄の地方裁判所の定型の書式を用いるようにしましょう。

また、申立人が個人事業主である場合、または過去2年以内に事業を営んでいたことがある場合(会社の代表者をふくむ)には、売掛金や在庫等、事業に関する資産も報告する必要があります。

裁判所に問い合わせる際、事業主である場合にはその旨を伝え、これに関する項目についても聞くようにしましょう。

プラスの財産はどうなるのか？

①弁済または配当の原資となるのが原則

プラスの財産がある場合、これらは基本的にすべて売却処分をしたうえで、各債権者への弁済（返済）、または配当の原資である「破産財団」に組み入れることになります。もっとも、すべての財産が破産財団に組み入れの対象になるわけではありません。

②一定の財産は残すことができる

すべての財産が破産財団とされ、家具や家電まで換価の対象とされてしまっては、申立人としては自己破産ができても生活ができなくなります。

そのため、破産法は一定の範囲について、破産手続開始決定後でも債権者が差し押さえることができず、破産者が自由に管理・処分できる財産を認めています。これを**「自由財産」**といいます。

具体的には、**99万円以下の現金、破産開始決定後に取得した財産、差押えが禁止されている家具・家電等**です。

具体的な事情で判断がわかれるケースもあるため、自由財産として手元に残せるかどうかは、専門家に相談するのがよいでしょう。

③自由財産の拡張

破産手続開始決定時に破産者が有していた財産でも、破産開始手続決定後に、破産者の申立てまたは裁判官の職権で自由財産の範囲が拡張される場合もあります。

自由財産が拡張されるのは、「破産者の生活状況や職種を考慮して、必要と認められる場合」とされていますから、申立てを行なっても必ず認められるわけではない点に注意が必要です。

◎財産目録の記入例◎

財産目録（一覧）

下記1から16の項目についてはあってもなくてもその旨を必ず記入します。
【有】と記入したものは，別紙（明細）にその部分だけを補充して記入します。
＊預貯金は，解約の有無及び残額の多寡にかかわらず，各通帳の表紙・中表紙を含め，過去2年以内の取引の明細が分かるように記帳部分全部の写しを提出します。
＊現在事業を営んでいる人又は過去2年以内に事業を営んでいたことがある人は過去2年度分の所得税の確定申告書の写しを，法人代表者の場合は過去2年度分の法人の確定申告書及び決算書の写しを，それぞれ提出します。

1 申立て時における20万円以上の現金　　　　　　　　　　　【 有 (無) 】

2 預金・貯金　　　　　　　　　　　　　　　　　　　　　　【 (有) 無 】
  □過去2年以内に口座を保有したことがない。

3 公的扶助（生活保護，各種扶助，年金等）の受給　　　　　【 有 (無) 】

4 報酬・賃金（給料・賞与等）　　　　　　　　　　　　　　【 (有) 無 】

5 退職金請求権・退職慰労金　　　　　　　　　　　　　　　【 有 (無) 】

6 貸付金・売掛金等　　　　　　　　　　　　　　　　　　　【 有 (無) 】

7 積立金等（社内積立，財形貯蓄，事業保証金等）　　　　　【 有 (無) 】

8 保険（生命保険，傷害保険，火災保険，自動車保険等）　　【 有 (無) 】

9 有価証券（手形・小切手，株式，社債），ゴルフ会員権等　【 有 (無) 】

10 自動車・バイク等　　　　　　　　　　　　　　　　　　　【 有 (無) 】

11 過去5年間において，購入価格が20万円以上の財産　　　　【 有 (無) 】
   　　　　　　　　　（貴金属，美術品，パソコン，着物等）

12 過去2年間に換価した評価額又は換価額が20万円以上の財産【 有 (無) 】

13 不動産（土地・建物・マンション等）　　　　　　　　　　【 有 (無) 】

14 相続財産（遺産分割未了の場合も含みます。）　　　　　　【 有 (無) 】

15 事業設備，在庫品，什器備品等　　　　　　　　　　　　　【 有 (無) 】

16 その他，破産管財人の調査によっては回収が可能となる財産【 有 (無) 】
   □過払いによる不当利得返還請求権　□否認権行使　□その他

財産目録(明細)

＊該当する項目部分のみを記入して提出します。欄が足りないときは,適宜欄を加えるなどして記入してください。

1　現　金　　　　　　　　　　　　　　　　　　　　　　　　１５万　円

2　預金・貯金
　＊債務者名義の預貯金口座(ネットバンクを含む。)について,申立て前１週間以内に記帳して確認した結果に基づいて記入してください。残高が０円である場合も,その旨を記入してください。
　＊解約の有無及び残額の多寡にかかわらず各通帳の表紙・中表紙を含め,過去２年以内の取引の明細が分かるように記帳部分全部の写しを提出します。
　＊いわゆるおまとめ記帳部分は取引明細書も提出します。

金融機関・支店名 (郵便局,証券会社を含む。)	口座の種類	口座番号	申立て時の残額
○×銀行	普通	○○○	２万　円
ゆうちょ銀行		○○○	１万5,000　円

3　公的扶助の受給
　＊生活保護,各種扶助,児童手当,年金等をもれなく記入します。
　＊受給証明書の写しも提出します。
　＊金額は,１か月に換算してください。

種　類	金　　額	開　始　時　期	受給者の名前
	円／月	平・昭　年　月　日	

4　報酬・賃金(給料・賞与等)
　＊給料・賞与等の支給金額だけでなく,支給日も記入します(月払の給料は,毎月○日と記入し,賞与は,直近の支給日を記入します。)。
　＊最近２か月分の給与明細及び過去２年度分の源泉徴収票又は確定申告書の控えの各写しを提出します。源泉徴収票のない人,確定申告書の控えのない人,給与所得者で副収入のあった人又は修正申告をした人は,これらに代え,又はこれらとともに,課税(非課税)証明書を提出します。

種　類	支　給　日	支　給　額
給与	毎月２５日	２０万　円

5 退職金請求権・退職慰労金
　＊退職金の見込額を明らかにするため，使用者又は代理人作成の退職金計算書を添付します。
　＊退職後に退職金を未だ受領していない場合は4分の1相当額を記入します。

種　　類	総支給額（見込額）	8分の1（4分の1）相当額
	円	円

6 貸付金・売掛金等
　＊相手の名前，金額，発生時期，回収見込額及び回収できない理由を記入します。
　＊金額と回収見込額の双方を記入してください。

相　手　方	金　額	発　生　時　期	回収見込額	回収できない理由
	円	平・昭　年　月　日	円	

7 積立金等（社内積立，財形貯蓄，事業保証金等）
　＊給与明細等に財形貯蓄等の計上がある場合は注意してください。

種　　類	金　　額	開　始　時　期
	円	平・昭　年　月　日

8 保険（生命保険，傷害保険，火災保険，自動車保険等）
　＊申立人が契約者で，未解約のもの及び過去2年以内に失効したものを記入します（出捐者が債務者か否かを問いません。）。
　＊源泉徴収票，確定申告書等に生命保険料の控除がある場合や，家計や口座から保険料の支出をしている場合は，調査が必要です。
　＊解約した保険がある場合には，20万円以下であっても，「12　過去2年間に処分した財産」に記入してください。
　＊保険証券及び解約返戻金計算書の各写し，失効した場合にはその証明書（いずれも保険会社が作成します。）を提出します。
　＊返戻金が20万円以下の場合も全て記入します。

保険会社名	証券番号	解約返戻金額
		円

9 有価証券(手形・小切手,株式,社債),ゴルフ会員権等
　＊種類,取得時期,担保差入及び評価額を記入します。
　＊証券の写しも提出します。

種　類	取　得　時　期	担保差入	評　価　額
	平・昭　年　月　日	□有□無	円

10 自動車・バイク等
　＊車名,購入金額,購入時期,年式,所有権留保の有無及び評価額を記入します。
　＊家計全体の状況に駐車場代・ガソリン代の支出がある場合は,調査が必要です。
　＊自動車検査証又は登録事項証明書の写しを提出します。

車　名	購入金額	購　入　時　期	年式	所有権留保	評　価　額
	円	平・昭　年　月　日	年	□有□無	円

11 過去5年間において,購入価格が20万円以上の財産
　　(貴金属,美術品,パソコン,着物等)
　＊品名,購入価格,取得時期及び評価額(時価)を記入します。

品　名	購入金額	取　得　時　期	評　価　額
	円	平成　年　月　日	円

12 過去2年間に換価した評価額又は換価額が20万円以上の財産
　＊過去2年間に換価した財産で,評価額又は換価額のいずれかが20万円以上の財産は全て記入します。
　＊不動産の売却,自動車の売却,保険の解約,定期預金の解約,過払金の回収等について,換価時期,換価時の評価額,実際の換価額,換価の相手方,取得した金銭の使途を記入します。
　＊換価に関する契約書・領収書の写し等換価を証明する資料を提出します。
　＊不動産を換価した場合には,換価したことが分かる登記事項証明書等を提出します。
　＊使途に関する資料を提出します。

財産の種類	換　価　時　期	評価額	換価額	相手方	使　途
	平成　年　月　日	円	円		

　＊賞与の受領,退職金の受領,敷金の受領,離婚に伴う給付等によって取得した現金についても,取得時期,取得額,使途を記入します。
　＊給与明細書等受領を証明する資料を提出します。
　＊使途に関する資料を提出します。

財産の種類	取 得 時 期	取 得 額	使 途
	平成　年　月　日	円	

13　不動産（土地・建物・マンション等）
　＊不動産の所在地，種類（土地・借地権付建物・マンション等）を記入します。
　＊共有等の事情は，備考欄に記入します。
　＊登記事項証明書を提出します。
　＊オーバーローンの場合は，定形の上申書とその添付資料を提出します。
　＊遺産分割未了の不動産も含みます。

不動産の所在地	種　　類	備　　考

14　相続財産
　＊被相続人，続柄，相続時期及び相続した財産を記入します。
　＊遺産分割未了の場合も含みます（不動産は13に記入します。）。

被相続人	続柄	相　続　時　期	相続した財産
		平・昭　年　月　日	

15　事業設備，在庫品，什器備品等
　＊品名，個数，購入時期及び評価額を記入します。
　＊評価額の疎明資料も添付します。

品　　名	個　数	購　入　時　期	評　価　額
		平・昭　年　月　日	円

16　その他，破産管財人の調査によっては回収が可能となる財産
　＊相手方の氏名，名称，金額及び時期等を記入します。
　＊現存していなくても回収可能な財産は，同時破産廃止の要件の認定資料になります。
　＊債務者又は申立代理人によって回収可能な財産のみならず，破産管財人の否認権行使によって回収可能な財産も破産財団になります。
　＊ほかの項目に該当しない財産（敷金，過払金，保証金等）もここに記入します。

相　手　方	金　額	時　　期	備　　考
		平・昭　年　月　日	

◎自由財産、自由財産拡張が認められる場合◎

■法律上の自由財産（法律上、当然に自由財産として認められるもの）
- 99万円までの現金
- 生活上欠くことのできない家財道具（整理タンス、ベッド、調理用具、食器棚など）
- 差押えが禁止されている債権（年金等）

■自由財産の拡張
東京地方裁判所の運用基準ですが、多くの裁判所もこれに沿ったもののようです。

（1）原則として換価しないもの
- 残高が20万円以下の預貯金（複数ある場合は合計額で判断します）
- 見込額が20万円以下の生命保険の解約返戻金（同上）
- 見込額が20万円以下の自動車
- 居住用物件の敷金債権
- 電話加入権
- 支給見込額の8分の1相当額が20万円以下の退職金債権
- 支給見込額の8分の1相当額が20万円を超える場合の退職金債権の8分の7相当額
- 生活上欠くことができない家財道具以外の家財道具

（2）場合によっては換価しないもの
　（1）以外でも、破産管財人の意見を聞いて換価するのが相当でないと判断したものは、換価されません。

3-7 申立てと債権者への通知

債権者への通知は自身でも行なう

申立てでは裁判所に直接出向く

　申立書と添付書類がそろったら、いよいよ申立てです。申立ては、自分の住所地を管轄している地方裁判所に対して行ないます。管轄の地方裁判所の場所については、裁判所のウェブサイトで確認することができます。

　申立ては、直接裁判所の破産係の窓口に持参して提出する方法のほか、郵送で行なうことも可能です。

　申立てではこれらの書類の提出のほか、印紙の提出、予納金の納付といった手続きも必要になります。不明点があれば、裁判所の書記官にすぐに質問することができますから、申立てにあたっては、直接、裁判所に出向くのがよいでしょう。

　書類を提出する際に、裁判所から債権者に送る通知の封筒の宛名を書いたり、修正の指示を受けたりしますので、ボールペン等の筆記用具と印鑑（シャチハタ以外であれば、認印でもかまいません）を忘れずに持参するようにしましょう。

債権者への通知を行なう

　自己破産の申立てをしたら、各債権者に対して破産申立てをしたことを通知しましょう（通常は書面での郵送です）。

　裁判所からも各債権者に対して通知は送られますが、一定の日数

を要します。いち早く取立てを止めるためには、申立てをしたら、自身でも各債権者に対して破産申立てをした旨の通知を行なうのがよいでしょう。

「貸金業法」という法律によって、債務者から破産申立てをしたという通知を受け取った債権者は、それ以後取立て行為を行なってはならないとされています。この通知を受け取れば、多くの債権者は取立て行為を行なわなくなります。

なお、弁護士に依頼していれば、弁護士に依頼した時点で「受任通知」を送ってくれますから、通知が届いた時点で取立て行為が止まります。

3-8 開始前審尋から破産手続開始決定までの流れ

審尋から数日で破産手続開始決定がなされる

開始前審尋と破産手続開始決定

　破産申立てを行なうと、原則として、申立人は日を改めて裁判所に出頭し、担当裁判官と面談し、破産に至る事情を聞かれます。これが**「開始前審尋」**です。開始前審尋は、申立人が支払不能の状況にあるかどうかを判断するために行なわれます。

　開始前審尋は、破産申立てを行なってから1～2か月の間に期日が設定されることが多いです。裁判官は、この開始前審尋の結果をふまえ、破産手続開始決定をするかどうか判断します。

　したがって、開始前審尋には必ず出頭してください。万が一、急病などやむを得ない事情によって期日に出頭できない場合は、理由を記載した期日変更の申請書を提出しなければなりません。

　開始前審尋の結果、申立人が支払不能の状況にあると判断された時は、破産手続開始決定がなされます。各地方裁判所によって若干のちがいはありますが、**開始前審尋から数日で決定がなされます。**

　開始前審尋をスムーズに進めるためにも、申立て時に提出する陳述書には、債務を支払えなくなった事情や現在の収入状況をふくむ生活状況等を正確かつ詳細に記載し、支払不能の状況にあることを丁寧に説明しておく必要があります。

　破産手続開始決定は官報に公告され、債権者等に通知が送られます。**破産手続開始決定は官報公告の日から2週間で確定し、その時から申立人は破産者となります。**

3-9 免責手続とは?

審理に加えて免責審尋が設けられることもある

免責の申立て

　第2章で、破産手続には「配当」と「免責」の2つの目的があることを説明しました。

　破産申立てを行なうと、免責申立てを行なったものとみなされます。したがって、破産申立てとは別に免責申立てを行なう必要はありません。多くの裁判所の破産申立書の「申立ての趣旨」には、破産手続開始決定を求める旨と、免責許可を求める旨の記載がされています（88ページを参照）。

免責の審理

　債権者や、管財事件となった場合の破産管財人は、免責させるべきか否かについて裁判所へ意見陳述の機会が与えられます。

　裁判所は、これらの意見と破産申立書・添付書類等をもとに免責を許すべきか検討します。免責にあたって再度破産者から事情を聴取するため、免責審尋の期日を設ける場合があります。

　なお、免責の手続き中は**「強制執行」**が禁止されています。強制執行とは、差押えといわれる手続きです。債権者は、破産者の給与や不動産といった財産を差し押さえることができなくなります。

◎免責手続の流れ◎

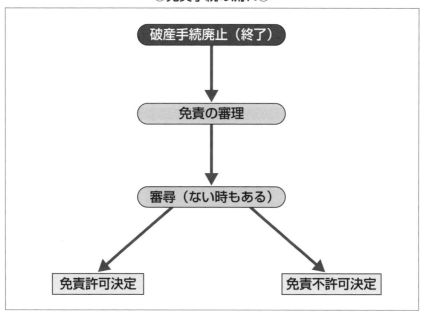

免責許可決定の効果

　免責許可の決定がなされると、官報に掲載されます。官報に掲載された日の翌日から2週間以内に免責許可決定が破産者、債権者等に送達されます。
　これが到達した日の翌日から1週間以内に、上級の裁判所への異議申立てである「即時抗告」がなされなければ、免責許可決定が確定します。
　免責許可決定の確定によって、免責の効果が生じます。確定したことについては官報に掲載されません。
　しかし、公租公課（税金、年金、健康保険の保険料等）や扶養義務等、一部の債権については支払いの義務を逃れることができませ

ん。

　また、免責とは支払いの義務を免れる、言い換えれば裁判等によっても支払いを強制されることがなくなるだけで、債務が消滅するわけではありません。したがって、免責された債務を任意に支払うこともできます。

　また、一度免責がされると、原則としてその後７年間は再度の免責を得ることができません。

◎**免責されない債権**◎

> 　破産法253条１項１号から７号に、自己破産しても免責されない債権（非免責債権）が規定されています。これらについては返済の義務を免れず、支払わなければならないので注意が必要です。
>
> - 租税等の請求権
> - 破産者が悪意で加えた不法行為に基づく損害賠償請求権
> - 破産者が故意または重大な過失により加えた人の生命または身体を害する不法行為に基づく損害賠償請求権
> - 夫婦や親子等親族間の扶養や婚姻費用負担等の義務に関する債権
> - 雇用関係に基づいて生じた従業員の請求権および従業員の預り金請求権
> - 破産者が知りながら債権者一覧表に記載しなかった請求権（債権者が破産手続開始決定があったことを知っていた場合を除く）
> - 罰金等の請求権

第4章

任意整理のしくみとポイント

4-1 任意整理とは?

最も簡単にできる債務整理方法の一つ

法律の専門家が金融業者と交渉する

　任意整理とは、弁護士等の法律の専門家が銀行や消費者金融業者等の債権者と交渉することによって行なう債務整理の手段です。

　借金に苦しんでいる人が自分で債権者と交渉してみても、債権者がなかなか交渉に応じてくれなかったり、交渉に応じてくれたとしても条件が非常に悪かったりするのが通常です。
　そこで、法律の専門家である弁護士や司法書士（ただし司法書士の場合は、借入額が140万円を超えると、法律上、法律事務の取扱いができません）に金融業者と交渉をしてもらって、有利な条件で和解をまとめてもらうのです。
　自分で債権者と交渉してみても、債権者は消費者金融業者等の普段から交渉に慣れている人たちですから、知識や経験といった点で圧倒的に不利です。場合によっては、債権者に言いくるめられてしまうかもしれません。債権者と交渉するのであれば、弁護士等に任せてしまうのが得策なのです。

簡易な手続き

　自己破産（第2章、第3章）や個人再生（第5章）は、裁判所という公的機関を通じて行なう債務整理の方法です。

これと異なり、任意整理は裁判所等の公的な機関を通じることなく、弁護士等の専門家と債権者が私的に交渉をするというものです。
　したがって、**そのやり方には法律で定められた詳細なルールがあるわけではありません**。債権者が納得して同意さえしてくれればいいのです。その意味で、任意整理は自己破産や個人再生と比べて手続きが非常に簡易であるといえます。

交渉のポイント

　では、法律の専門家が債権者と交渉するといっても、どんなことを交渉するのでしょうか？　以下では、任意整理の交渉のポイントを解説します。任意整理の交渉のポイントは、大きく分けて2つです。

◎任意整理の交渉のポイント◎

> ポイント1：支払総額を減らす
> ポイント2：月々の返済額を減らす

■支払総額を減らす
①借金の元金を減らす
　まとまった頭金を用意できる場合、「頭金を支払う代わりに、借金の元金を減らしてほしい」という交渉をすることができます。
　また、お金を借りている人の経済状況が非常に厳しく、借金全額を返済することが将来においても困難であるような場合には、その事情を弁護士等から債権者に説明することで、**元金を減額してもらうように交渉することもあります**。
　その事情を債権者にも理解してもらい、現在の借金の残高を少し

でも減らしてもらえれば、支払総額を減らすことができます。

　債権者としても、お金を貸している人に自己破産されてしまい、貸したお金がほとんど戻ってこないよりは、回収できるなら多少は借金の残高を減額してもいいと考える場合があるのです。

　しかし、借金の元金を減額するということは、債権者としては貸したお金すら返ってこないことになり、完全な赤字です。したがって、残念ながらこのような交渉には債権者がなかなか応じてくれないことが多いです。

②利息をカットする

　そこで、多くの債権者が応じてくれるのが、**「利息カット」の交渉**です。

　消費者金融などの債権者は、お金を貸すときに貸した人から利息を取ることで利益を上げています。したがって、このような債権者からお金を借りた人は、借りたお金に利息をつけて返済しなければなりません。借りたお金とまったく同じ金額を返すだけでは、借金はなくならないのです。

　そして、利息は借金を完済するまでかかり続けます。債権者に借金を一括で返済しない限り、返済している最中にも債権者に支払うべき総額はどんどんふくらんでいくのです。

　「借金を返しても返しても残高が全然減っていかない」という経験はありませんか？

　仮に毎月の返済額が少額で、利息分だけ支払っているような状況であれば、残高はいつまでたっても減りません。

　たかが利息、されど利息です。100万円を借りている場合、利息が年利15％だとして、単純計算で1年に15万円も利息が発生するのです。利息は借金を完済するまでかかり続けるのですから、借金を完済するまでの利息の総額はかなり高額になります。

そこで、任意整理の交渉では、債権者に利息（返済が止まってしまった日から和解成立までの利息および和解成立から完済までの利息）をカットしてもらい、今後支払うお金はすべて元金に充ててもらうように交渉するのです。この交渉が奏功すれば、支払総額を大きく減らすことができます。

◎利息の計算例◎

　たとえば、50万円（利率18％）の借金がある場合に月1万円ずつを返していくと…**完済までに約7年半！**　支払総額は約90万円！

　たとえば、100万円（利率15％）の借金がある場合に月3万円ずつを返していくと…**完済までに約3年半！**　支払総額は約130万円！

利息はバカにできません!!

③取引が古い場合には？

　借入れを開始したのが平成19年以前である場合には、利息制限法に違反した高い利率での貸付けを受けていた可能性があります。

　もし、利息制限法に違反した利率で貸付けを受けていた場合、利息制限法に基づく正しい利率に引き直して計算することによって、借金の残高を減らすことができます。場合によっては借金がすべてなくなってしまって、むしろ過払い金が返ってくることもあります。

◎支払総額を減らす方法◎

方法1：借金の残高を減らす
方法2：利息をカットする
方法3：利息制限法に基づいた計算をする

■**月々の返済額を減らす**

　前記のとおり、支払総額を減らすことができたとしても、それをどのように返していくのかが、次に問題となります。

　「毎月の返済額を少しでも減らすことができたら……」と思ったことはありませんか？

　そこで、弁護士等から債権者に対して、**返済を長期の分割払いにすることによって、月々の返済額を減らしてもらうように交渉する**のです。

　たとえば、支払総額が120万円で、これを1年で返さなければならないとすると、月々の返済額は、「120万円÷12か月＝10万円」になります。

　これを返すのに3年かけていいとなれば、月々の返済額は、「120万円÷36か月＝3万3,333円」で済むことになるのです。

　もし、債権者が5年の長期分割払いに応じてくれれば、月々の返済額は、「120万円÷60か月＝2万円」まで減らすことができるのです。債権者によっては、5年（60回）を超える長期分割に応じてくれるところもあります。

　このような交渉によって、無理のない返済額まで月々の返済額を減らし、分割払いによる完済を目指していくのです。

◎100万円を返済する場合……◎

1年間、12回分割だと月8万3,333円
3年間、36回分割だと月2万7,777円！
5年間、60回分割だと月1万6,666円！
100回分割なら、月1万円まで減らせます!!

任意整理のメリットを知ろう

手続きが簡単で、財産を残しやすい

任意整理のメリットとは？

任意整理のメリットを見ていきましょう。

◎任意整理のメリット◎

メリット1：手続きが簡単（必要書類が少ない、裁判所に行く必要もない）
メリット2：金融業者からの督促が止まる
メリット3：財産を残せる
メリット4：家族や勤務先に知られるリスクがほとんどない

①手続きが簡単

　前記のとおり、任意整理はあくまで私的な交渉ですから、法律に定められた詳細なルールがあるわけではありません。

　交渉を進めるなかで、債権者に給与明細等の書類の提出を求められることもまれにありますが、常にこれらの書類を求められるわけではありません。

　自己破産や個人再生では、裁判所等に提出が義務づけられている書類が数多くあり、これらと比較すると、任意整理の手続きはかなり手軽なものといえます。

　また、裁判所を通じた手続きではないので、手続きを進めるため

に裁判所に行く必要もありません（なお、任意整理の場合でも債権者から裁判を起こされている場合等には、裁判への対応が必要になりますが、裁判への対応もふくめて、弁護士等に任せてしまうことができます）。

②債権者からの督促が止まる

支払いが滞ってくると、債権者からの手紙や電話、時には直接自宅への訪問など、あらゆる方法で支払いの督促が来ることになります。

このような督促は、対応に時間を取られるだけでなく、精神的にもかなりの負担がかかるものと思います。

任意整理を弁護士等に依頼すれば、弁護士等から債権者に通知が行き、債権者は裁判等の公的な方法を除き、借主本人に対して督促をすることはできなくなるので、これらの支払いの督促はすべて止まることとなるのです（貸金業法21条1項9号）。

③財産を残せる

自己破産は、破産者の財産を処分してお金に換え、これを債権者への返済に回し、残りの借金をゼロにしてもらうという手続きですから、破産者のもとには基本的に財産が残りません（詳細は、第2章、第3章を参照してください）。

個人再生は、借金の担保にしていない財産を残すことは可能であるものの、一部の例外を除き、担保付きの借金については、担保を実行されてしまい、担保にしていた財産は多くの場合、持っていかれてしまいます（詳しくは、第5章を参照してください）。

※たとえば、車のローンには「所有権留保」という担保がついていること

が多いです。これは、ローンを完済するまで車の所有者を債権者にしておく担保です。ローンの支払いが滞った場合には、債権者は車を債務者から引き揚げて換価し、ローン残額の返済に充当します

 これに対して、任意整理は、やり方次第で「財産を残すことが可能」です。
 任意整理はあくまで私的な手続きに過ぎませんから、破産手続や個人再生手続とはちがい、すべての債権者を対象とすることが法律で強制されているわけではありません。
 複数の債権者のうち、**任意整理をする債権者と任意整理をしない債権者を選ぶことも可能**なのです（ただし、債務整理をする以上、債務全体を考慮して返済計画を立てる必要があり、原則としてはすべての債権者を対象とするべきです）。
 したがって、担保付きの借金については、任意整理の対象から外す（この場合、任意整理しない借金についてはこれまでどおりの返済を続けていくことになります）というやり方をすれば、担保の実行を免れ、財産を残すことが可能になるのです。

 なお、同じ理屈で保証人がついている借金（奨学金借入れの場合には、保証人がついていることが多いです）についても、任意整理の対象から外すことで、債権者から保証人に請求が行ってしまうことを防ぐことができます。

※担保には物的担保と人的担保があり、正確には保証人付きの借金も担保（人的担保）付きの借金です。本章では、便宜上、ただ「担保」という場合には物的担保を想定しています

④家族や勤務先に知られるリスクがほとんどない
 先に述べたとおり、自己破産や個人再生では、原則としてすべて

の債権者を平等に扱うことが法律で強制されています。

「すべての債権者」ですから、身内であろうとお金を借りている場合には「債権者」にふくまれます。

したがって、自己破産や個人再生の手続きをとる場合にはすべての債権者を巻き込むことになるので、身内からお金を借りている場合、その身内にも手続きをすることが知られてしまうのです。

任意整理の場合は、任意整理の対象を選ぶことができるので、知られたくない債権者をその対象から外すことができます。

また、自己破産や個人再生は、家計の収支状況や勤務先からの退職金の有無・金額等を裁判所に申告する必要がある関係で、家計を共にする家族や勤務先の協力を得なければならないことがあります。自己破産や個人再生の手続きをとることが、家族や勤務先に知られてしまうリスクは少なからず存在します。

しかし、任意整理では、書類の提出が義務づけられているわけではないため、書類作成の過程で家族や勤務先に手続きをすることが知られてしまうリスクはほぼありません。

また、自己破産や個人再生のときには避けることのできない官報掲載も、任意整理の場合にはありません。

4-3 任意整理のデメリットを知ろう

デメリットはあるが、回避する方法もある

任意整理のデメリットとは？

次に、任意整理のデメリットを見ていきましょう。

自己破産や個人再生と比べると、任意整理のデメリットは圧倒的に少ないといえます。

また、以下の「信用情報機関への登録」の点を除き、デメリットは回避することが可能です。

◎任意整理のデメリット◎

デメリット１：信用情報機関に情報が登録されてしまう
デメリット２：担保や保証人がついている場合に、担保実行や保証人への請求のリスクがある
デメリット３：裁判を起こされる可能性がある

①信用情報機関に情報が登録されてしまう

任意整理も債務整理の一つである以上、「信用情報機関」に登録されてしまうことになります。

信用情報は俗に「ブラックリスト」などと呼ばれることもありますが、ブラックリストというリストが闇社会で出回るわけではありません。

クレジットやローンなどの契約内容、返済・支払状況、取引事実

等に関する情報(信用情報)を管理している会社(信用情報機関)があり、これらの機関が信用情報を管理しているのです。

　信用情報機関は極めて厳格な条件でしか、銀行や消費者金融業者等にこれらの情報を開示していないので、一般の人に信用情報が出回ることはありません。

　任意整理をすると、その事実が信用情報機関に登録されることとなり、**今後数年間は新たにお金を借りたり、クレジットカードを作ることは、基本的にできなくなります。**
　信用情報に登録される期間や内容は、法律で決まっているわけではなく、信用情報機関によっても異なります。明確に「何年間新たに借入れができなくなる」ということは一概にはいえません(概ね5年程度といわれています)が、一般に自己破産や個人再生の手続きをとった場合と比べると、短いとされているようです。
　各信用情報機関のホームページなどにも記載がありますので、参照してみるとよいでしょう。

　信用情報機関に掲載されてしまうというデメリットは、任意整理をするうえでは避けることができません。ただし、任意整理をしなかったとしても、返済が数回滞ってしまえば信用情報に掲載されてしまいます。いずれ掲載されてしまうのであれば、任意整理をしてしまうほうが得策という考え方もできるかと思います。

②担保や保証人がついている場合に、担保実行や保証人への請求のリスクがある
　担保付きの借金(典型的には、所有権留保付きの車のローン)や保証人付きの借金がある場合、これらの借金につき任意整理をしてしまうと、任意整理手続をしたことで担保を実行されたり(所有権

留保付きの車のローンの場合には車を引き揚げられてしまいます)、保証人に対して業者から請求がいってしまったりするというデメリットが生じます。

ただし、すでに述べたように、この担保や保証人付きの借金の場合は、「任意整理の対象から外す」というやり方をとることによって、このデメリットを回避することが可能です。

③裁判を起こされる可能性がある

債権者によっては、任意整理をしようとすると、「貸金返還請求訴訟」という裁判を起こしてくる金融業者があります。裁判で負けてしまえば、給与等を差し押さえられてしまう可能性もあり、その意味では大きなリスクをともないます。

ただし、債務整理を数多く取り扱っている弁護士等であれば、「どの債権者が裁判を起こしてきやすいか」をその経験から知っているのが通常です。裁判を起こしてきそうな債権者を任意整理の対象から外すことによって、このデメリットを回避することができます。

どんな人が向いているのか？

任意整理を検討する際の考慮要素

以下のような状況の人は、任意整理に向いているといえます。

◎任意整理に向いている人◎

①銀行系大手消費者金融業者からの借入れがメインの人
②借入総額を36で割った金額を毎月返済していける人
③ギャンブルや浪費などで借金を作ってしまった人

債権者は誰か？

和解のしやすさは、「債権者が誰か」によって変わってきます。任意整理は交渉ですから、債権者が和解に応じてくれることが必要だからです。したがって、債務整理の方法として任意整理を検討する際には、「債権者は誰か」ということが非常に重要な要素になります。

一般的に債権者との交渉においては、返済期間（分割回数）について、**概ね３年（36回）〜５年（60回）での和解であれば応じてくれることが多い**のですが、債権者によってはまったく和解交渉に応じてくれなかったり、応じてくれるとしても極めて少ない分割回数でしか対応してくれないこともあります。

あくまでも一般論ですが、全国展開している消費者金融業者、なかでも銀行系の消費者金融業者は資金力も豊富であり、ある程度長期の分割に応じてくれる傾向があります。

逆に、奨学金機構や地方の街金、携帯電話会社、学生ローン等は

和解交渉に応じてくれないか、応じてくれるとしても極めて厳しい条件での和解にしか応じないという傾向があります。

あなたがもし大手消費者金融からの借入れがメインだという場合には、任意整理に向いているといえるかもしれません。

ただ、上記はあくまでも一般論なので、個々の債権者の和解のしやすさについては、弁護士等に聞いてみるとよいでしょう。経験豊富な弁護士等であれば、過去の交渉実績等からどの債権者がどの程度の分割回数での和解に応じてくれるかの見込みを把握しているはずです。

返済に充てることのできる金額は？

任意整理をするのであれば、あなたがきちんと毎月支払っていける範囲の金額で和解をしなければ意味がありません。

和解後に見込まれる債権者への支払総額と、あなたが毎月返済に充てることのできる金額を比較してみましょう。

まず、**あなたが毎月支払いに充てることのできる金額はいくらでしょうか？** 手取月収から、家賃や光熱費、食費、住宅ローンがある場合には住宅ローンの返済金などの生活に必要なお金（住宅ローン以外の借金の返済金は考慮に入れなくてかまいません）を引いたら、手元にいくら残るかを考えてみてください。

手取月収が25万円で、生活費に毎月20万円かかる方の場合には5万円です。この金額が、あなたが毎月の返済に充てることができるお金（返済原資）の上限になります。毎月支払っていくわけですから、無理のない範囲で考えてみてください。

次に、**住宅ローン以外の借入総額を36で割った数字**を出してみてください。借入総額が100万円であれば、3万3,333円です。

先ほど述べたとおり、任意整理で和解できる分割回数は概ね36回～60回であり、和解に応じてくれない債権者や厳しい条件を提示してくる債権者がいることを考慮すれば、**36回分割程度が任意整理できるかどうかの１つの目安となります**。これが、任意整理を行なった場合の毎月の目安返済額です。

　あなたの返済原資と任意整理後の目安返済額のどちらが多くなりましたか？　返済原資の金額のほうが多い場合には、任意整理で進められる可能性が高いといえます。逆に、返済原資よりも目安返済額のほうが多くなってしまう場合には、自己破産や個人再生といった別の方法も視野に入れていかなければなりません。

　もちろん、長期の分割払いに応じてくれる債権者もいるので、返済原資よりも目安返済額のほうが多くなった方でも、任意整理が絶対にできないわけではありません。詳細は、弁護士等に聞いてみましょう。

◎**任意整理をすべきかの一応の目安**◎

借入総額が300万円なら…	毎月８万3,333円返していけるか？
借入総額が200万円なら…	毎月５万5,555円返していけるか？
借入総額が100万円なら…	毎月３万3,333円返していけるか？

借金の原因は何か？

　借金の原因がギャンブルや過度の浪費である場合、自己破産では借金がなくならない可能性があります（詳細は第２章を参照ください）。任意整理は任意の交渉ですから、借金の原因は特に問題とされません。借金の原因に問題があり、自己破産では借金をなくせない可能性のあるような方は、任意整理が向いているといえるでしょう。

4-5 任意整理の手続きの流れを知ろう

弁護士等に依頼すれば、返済を一旦ストップしたうえで交渉してくれる

任意整理の手続きの流れは、以下のとおりです。

◎任整整理の手続きの流れ◎

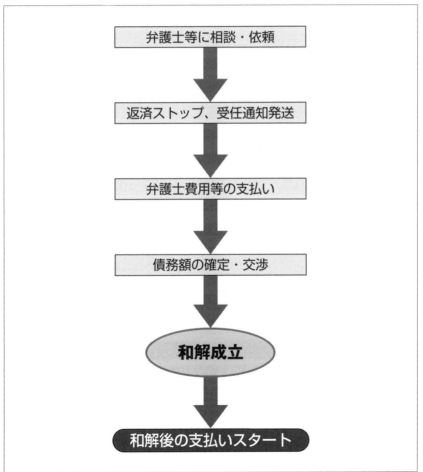

■**弁護士等に相談**

　任意整理では、弁護士や司法書士が債権者との交渉にあたります。
　まずは、任意整理を弁護士等に依頼するかどうかもふくめて相談に行きましょう。
　電話での無料相談等を行なっている法律事務所等もありますから、直接弁護士等に会いに行く前に、まずはそのようなサービスを利用するのもよいでしょう。

　先に述べたとおり、債権者によって交渉のしやすさは変わってきますから、「どこからの借入れなのか」は任意整理を検討するうえで非常に重要です。また、借入総額がわからなければ、「和解後の見込み返済額」も計算できません。相談に行く際には、**「債権者は誰か」「債務額はいくらか」**について、できるだけ正確に把握してから臨むとよいでしょう。

　過払い金の有無との関係では、**借入れを始めた時期**等の情報も重要になります。それらがわかる資料があれば、できるだけ持参しましょう。

　また、債権者が銀行の場合、保証会社がついていることがあります。この場合、銀行に対して任意整理の交渉を持ちかけると、保証会社があなたの代わりに借入先に返済し、あなたは保証会社に対して債務を負うことになるため、実際の交渉は保証会社となることがあります。

　したがって、**保証会社の有無や保証会社はどこなのか**についても把握しておくとよいでしょう。

　ただし、これらを正確に把握していないからといって、弁護士等に相談してはいけないわけではありません。「何を把握しなければならないのかもわからない」という場合には、ひとまずそれを知る

ために相談するのでもまったく問題はありません。まずは、相談することが大切です。

◎相談のポイント◎

> ●情報はできるだけ正確に
> ・債権者は誰か？
> ・債務額はいくらか？
> ・借入れを始めた時期は？
> ・保証会社の有無や保証会社はどこなのか？
>
> ただし、まずは相談してみることが何より大事！

■弁護士等に依頼

任意整理後の返済の見込額や弁護士費用等を弁護士等に相談・確認し、任意整理を進めようと思ったら依頼しましょう。

先に述べたとおり、弁護士等が介入して任意整理をする債権者と、弁護士等が介入しない債権者を分けることもできます。

■債権者への返済のストップ

借入残額を確定するためにも、任意整理をする債権者への返済を止めてもらうことになります。

自動引落しになっている場合には、これ以上引落しがされないように口座残高を０円にしておくか、銀行窓口でその債権者からの引落しがされないように手続きをとってください（銀行での手続きには通常、通帳、身分証明書、銀行届出印が必要になります）。

■弁護士等から受任通知を債権者に発送

弁護士等は、任意整理の依頼を受けたらすぐに「依頼を受けた旨

の通知」を債権者に送ります。

この通知によって、債権者は裁判等の公的な方法を除き、借主本人に対して督促をすることができなくなるため、返済をストップしていても、督促は来なくなるのです（貸金業法21条1項9号）。

■弁護士等への費用の支払い

弁護士等への費用は事務所によって異なりますが、**債権者1社あたり4万円程度**のことが多いようです。

任意整理で利息をカットできれば、それによって支払総額を減らせますから、通常は、弁護士等への費用を支払っても経済的メリットは十分にあります。

また、弁護士等への費用の支払方法については、分割払いに応じてくれる法律事務所などもあるため、相談してみるとよいでしょう。

先に述べたとおり、この時点で債権者への返済をストップしていますから、分割支払いであれば、毎月の支払額としては過度なものにはなりません。

■債務額の確定

あとは、依頼した弁護士等に任せておけば大丈夫です。

依頼を受けた弁護士等はまず、債権者から取引履歴等の資料を取り寄せ、借入残額の調査を行ないます。

その際、利息制限法に違反した利率での貸付けがあったかどうかの調査も行ない、もしそういった貸付けがあれば、正しい利率で引き直して計算をします。

また、時効が成立している借金があれば、時効を援用してその借金をなくしてしまいます（時効については1-1を参照）。

そのようにして、依頼者の債権者に対する債務額を確定します。

■弁護士等と債権者との交渉
　確定した残額をもとに、弁護士等は書面や電話で債権者と減額交渉をしたり、依頼者の返済原資に合わせた長期分割払いの交渉を行ないます。

■和解の成立
　債権者と交渉を重ね、債権者・債務者双方が納得できれば、和解が成立します。和解が成立すれば、和解の内容を**「和解書」**や**「合意書」**と題する書面にするのが一般的です（次ページ参照）。
　万が一、債権者が強硬で交渉が難航したり、依頼者の経済状況が悪化して和解後の支払いがむずかしくなってしまったような場合には、弁護士等と依頼者で相談のうえ、毎月の返済原資の見直しや自己破産・個人再生への方針変更をすべきか等を検討していくことになります。

■和解後の支払い
　和解後は、和解した内容に基づいて返済をしていきます。完済に至れば、晴れて借金から解放されます。
　万が一、和解どおりの返済ができなくなってしまった場合には、再度の任意整理を行なうこともできないわけではないですが、条件は最初の任意整理に比べて厳しくなるのが一般的です。
　自己破産や個人再生を検討するほうが適切という場合もあり得るでしょう。

◎和解書の例◎

和 解 書

●●●株式会社（以下「甲」という）、及び
●● ●●（会員番号：●●●●-●●●●）（以下「乙」という）は、甲乙間の上記会員番号に基づく金銭消費貸借等契約について以下のとおり合意した。

1、乙は甲に対し、<u>金１００万円</u>の支払義務があることを認める。

2、乙は甲に対し、前項の金員を分割にて甲の指定する銀行口座に振込の方法にて支払う
　（分割方法）
　　・平成28年8月から平成33年6月まで毎月末日限り　金16,666円宛。
　　・平成33年7月末日限り　金16,706円宛。
　（振込口座）
　　○○銀行○○支店　普通　口座番号○○○○○○○
　　口座名義　●●●株式会社

3、乙が前項に基づく支払いを怠り、これが２回分（金33,332円）に達した場合には、乙は期限の利益を失い、第１項の債務額から、それまでに支払った金額を控除した金額に対し支払済みまで年6.00％の遅延損害金を付して、直ちに一括にて支払う。

4、甲乙は、本和解条項に定めるほか何らの債権債務も存在しないことを相互に確認する。

本和解の成立を証するために本和解書を２通作成し、それぞれ署名捺印のうえ、各自１通宛保管するものとする。

　　　　　　　　　　　　　　　　　　　　　　　平成　　年　　月　　日
　　　甲

　　　　　　　　　　　　　　　　　　　　㊞

　　　乙代理人　〒●●●-●●●●
　　　　　　　　東京都港区六本木●丁目●番●号
　　　　　　　　●●ビル
　　　　　　　　●●法律事務所
　　　　　　　　　　弁護士　●●　●●

4-6 ヤミ金への対処方法

ヤミ金に借りたお金は返す義務がない

　ヤミ金は、出資法に定める上限利率である年20％（平成22年6月17日以前は29.2％）を超える高利率で貸付けを行なう業者です。

　ヤミ金にはさまざまな業態がありますが、多くの場合、貸金業者登録をしておらず、きちんとした名前を名乗らず、携帯電話のみでやり取りをするといった特徴をもっています。

　もちろん、これらの特徴を有していないからといってヤミ金でないわけではありません。出資法に定める上限利率を超えた貸付けをする業者とは、すべからく関わらないことが重要です。

　ヤミ金は、取立ての方法も執拗であり、夜間にわたる取立て、正当な理由のない勤務先への取立てといった、貸金業法で禁止された取立行為を平然と行ないます。

　ここで大事なことは、「**ヤミ金に借りたお金は返す義務はない**」ということです。ヤミ金の貸付行為は違法です（刑事罰もあります）。民法は、「不法な原因のために給付をした者は、その給付したものの返還を請求することができない」（民法708条）としています。つまり、暴利を取るという目的のために貸付けをしたヤミ金は、その貸したお金を返還請求することができないのです。

　ヤミ金には、絶対にお金を返してはいけません。執拗な取立てに耐えかねてお金を返してしまっても、取立ては止むどころか、かえってヤミ金業者の標的とされるだけであり、何ら根本的解決にはつながりません。ヤミ金業者からはお金を借りず、万が一借りてしまったとしても、返さずにすぐに弁護士等に相談しましょう。

4-7 任意整理手続の具体例

2人のケースをシミュレーションしてみよう

　任意整理についての説明は以上です。具体的なイメージをもっていただくために、いくつかのシミュレーションをしてみましょう。

Aさんのケース

　Aさんは、手取月収20万円のサラリーマンです。
　Aさんは、おしゃれ好きでCカードを使って買い物三昧。気がつけば、Cカードのショッピング残額は50万円になっていました。
　またAさんは、買い物をし過ぎてしまった月にはCカードへの支払いができず、D消費者金融からお金を借りて返済に回していました。こちらも気づけば借入総額は120万円（利率15％）に……。

　手取月収20万円のAさんは、一人暮らしで家賃の支払いもあって、返済原資は3万円が限界。Cカードの支払いに加え、D消費者金融への毎月3万円の返済はできず、D消費者金融については何とか毎月利息分だけ支払うような形になり、元金は一向に減っていきません。困ったAさんは、X法律事務所のX弁護士に相談しました。

◎Aさんの借入れ状況◎

Cカード	：借入残高50万円
D消費者金融	：借入残高120万円
債務総額170万円	

Aさんから相談を受けたX弁護士は、以下のようにアドバイスをしました。

「D消費者金融は、仮に月3万円ずつ返せた場合でも、利息をふくめると合計160万円以上の金額を支払わないと完済にはなりません。いまは利息だけ支払っている状況ということで、この返済額を続けていけば、元金は全然減っていきませんから、支払総額はもっと増えていきます。

もし、そうなってしまったら、自己破産等を検討せざるを得なくなります。D消費者金融とCカードを合わせて月3万円ずつなら返済可能ということであれば、この2社について任意整理を進めるのがよいでしょう」

そして、Aさんから、D消費者金融とCカードについて任意整理の依頼を受けることとなったX弁護士は、D消費者金融およびCカードと元金（利息カット）60回分割の交渉をまとめました。

Aさんの支払いは、返済原資である月3万円以内におさまり、無事、返済していける目途がたちました。

また、支払総額についても、このままだと何十万という利息を支払わなければいけなかったものの、任意整理の交渉がうまくまとまったことで、返済額はその当時の残高である170万円で済みました。

Bさんのケース

Bさんはもともと手取月収が40万円ありましたが、勤めていた会社が経営不振により倒産してしまいました。何とか元取引先の会社に就職できたものの、現在の収入は、手取月収25万円に下がってしまいました。

Bさんは若い頃から派手好きで、「ほしいものはキャッシングしてでも買う」という生活をしてきましたが、高収入だったため、これまで返済に窮したことはありませんでした。
　そんなBさんは、D消費者金融と平成10年頃からの付き合いで、これまで借りたり返したりをずっと繰り返してきました。
　M消費者金融は、ここ2年くらい前から借り始めた状況です。
　Nファイナンスからの借入れは車のローンであり、購入した車は「所有権留保」という担保がついているけれど、大事な車だから絶対に手放したくありません。

◎Bさんの借入れ状況◎

D消費者金融	：借入残高100万円（毎月3万円返済）
M消費者金融	：借入残高100万円（毎月3万円返済）
Nファイナンス	：借入残高100万円（毎月3万円返済）
債務総額300万円	

　現在、車のローンもふくめて借金総額は300万円。いまの収入では、返済に充てられるのは月5万円が限界。いまの収入になってから月合計9万円の返済はまったく回らない状況で、車のローンだけ返して、あとは返したり返さなかったり……。
　消費者金融からの督促も止まらず、すっかり困ってしまったBさんは、X法律事務所のX弁護士に相談しました。

　Bさんから相談を受けたX弁護士は、以下のような提案をしました。

　「300万円という借入額からすれば、自己破産等を検討していい金

額です。ただ、車のローンはまだ残高がありますから、車を絶対に手放したくないということだと、自己破産や個人再生はできませんね。

　D消費者金融については、平成10年からの取引ということであれば、過払い金がある可能性が高いです。月5万円の返済が可能であるなら、任意整理でできるかもしれませんね。ただし、車を残すためには車のローンは任意整理の対象から外さないといけません。

　D消費者金融とM消費者金融の任意整理をしていきましょう」

　Bさんから、D消費者金融とM消費者金融について任意整理の依頼を受けたX弁護士は、両社に対してすぐに受任通知を発送し、Bさんは消費者金融からの督促から解放されました。

　Bさんは、毎月、車のローン3万円と弁護士費用（2社で10万円。月2万円の5回分割）の支払いの計5万円の支払いをしながら、任意整理の結果を待っていました。

　すると、X弁護士からBさんに連絡が入りました。

「D消費者金融から取引履歴を取り寄せて計算してみたら、やっぱり過払い金がありましたよ。100万円の残高はなくなって、弁護士費用を差し引いてもまだお手元に30万円返ってきます。もし問題がなければ、これをM消費者金融への返済の頭金に充てて減額交渉をしてみましょう」

　X弁護士は、減額交渉の結果、M消費者金融について、頭金を引いて残り60万円の返済、60回分割で交渉をまとめました。

　これで、車のローンの月3万円と合わせても、返済原資である月5万円以内におさまり、Bさんは車を残しながら、借金を返していける目途がたちました。

また、支払総額についても、D消費者金融は、元金だけでも100万円が0円に、M消費者金融は、100万円が90万円になりました。利息の分もふくめると、Bさんの支払総額は、かなり大きく減ったことになります。

第5章

個人再生・特定調停の
しくみとポイント

5-1 個人再生①
個人再生手続とは？

「小規模個人再生手続」と「給与所得者等再生手続」がある

個人再生手続とはどんな手続きか？

個人再生手続とは、裁判所を通して行なう手続きで、支払いきれなくなった借金を**一定の基準に基づいて減額し、原則として３年間（最長５年間）の分割払いにする方法**です。

任意整理とは異なり、裁判所により強制的に借金が減額されるので、「任意整理で利息をカットしたり、月々の返済額を減らしたりしても、返し続けていくことがむずかしい」という人にとって魅力的な制度です。

個人再生手続には２つの方法がある

個人再生手続には、「**小規模個人再生手続**」と「**給与所得者等再生手続**」の２つがあります。

大まかにいうと、「給与所得者等再生手続」はサラリーマンを対象にした制度であり、「小規模個人再生手続」はその他の場合（自営業者など）を想定した制度です。

細かい点はさておくとして、両者のちがいは、給与所得者等再生手続では、債権者（金融業者など）が再生手続によって債権額が減額されることについて反対の意見を言ったとしても減額されるのが通常であるのに対し、小規模個人再生手続では、借金を減額することに同意しない債権者が全体の半数以上、または、同意しない者の

債権額が総債権額の2分の1を超える場合には、そもそも借金の減額そのものが認められないという点にあります。

すなわち、**小規模個人再生手続では、債権者の意向によって、借金の減額がなされない可能性がある**ということです。

もっとも、大手金融業者等が大半を占める債権者が、借金の減額について同意しないということはあまりないので、小規模個人再生手続においても、借金の減額が認められないことはそう頻繁にはありません。

個人再生手続を利用できる人の条件

小規模個人再生手続を利用できる人の条件は、

- 借金を返済していくことが困難な人であること
- ある程度安定した収入が今後も見込めること

という2つを満たす必要があります。

また、給与所得者等再生手続を選択した場合には、この手続きが主にサラリーマンを対象にした制度であることから、上記の二点に加えて、

- 定期的な収入（給与など）について、その額の変動の幅が小さいと見込まれること

が必要となります。

※なお、住宅ローンを除く借金の総額が5,000万円を超えていると、個人再生手続は利用できません。その場合には、自己破産を検討することになるでしょう（任意整理も考えられますが、借金の総額が5,000万円以上もあるとなると、月々の返済額が50万円を超えてしまうことが通常ですので、ほぼ不可能であると考えられます）

◎個人再生手続の特徴◎

	給与所得者等再生手続	小規模個人再生手続
主な対象者	サラリーマン	自営業者
利用の条件	・借金返済困難 ・継続した収入を得る見込み ・定期的な収入(給与など)について、その額の変動の幅が小さいと見込まれること ・住宅ローンを除く総負債額が5,000万円を超えていないこと	・借金返済困難 ・継続した収入を得る見込み ・住宅ローンを除く総負債額が5,000万を超えていないこと
再生計画※認可の際の債権者の立場	意見を聴くのみ	再生計画認可について債権者の過半数の反対があると、借金は減額されない

※再生計画とは、借金をいくら減額していくらずつ支払うかについて記載したもので、裁判所が、この計画について債権者の意見・議決をふまえて認可することで、法的に借金が減額されることになります

5-2 個人再生②
個人再生手続で減額される金額とは？
いくつかの基準を比較して債務額が決まる

　第1章でも触れましたが、個人再生手続で借金が減額される基準は以下のとおりです。

◎①個人再生手続における債務の減額基準◎

> 債務額が100万円未満の場合…債務全額（減額なし）
> 債務額が100万円以上500万円以下の場合…100万円
> 債務額が500万円を超え1,500万円以下の場合…5分の1
> 債務額が1,500万円を超え3,000万円以下の場合…300万円
> 債務額が3,000万円を超え5,000万円以下の場合…10分の1

◎債務の減額の例◎

債務総額	減額後の総額	月の返済予定額 （返済期間が3年の場合）
100万円	100万円	約2万8,000円
300万円	100万円	約2万8,000円
500万円	100万円	約2万8,000円
700万円	140万円	約3万9,000円
1,000万円	200万円	約5万6,000円
1,500万円	300万円	約8万4,000円
2,000万円	300万円	約8万4,000円

したがって、たとえば総債務額（借入額の総額）300万円の人が個人再生をした場合、100万円だけを返済すればよいことになります。個人再生では、**原則として３年間の分割払いで支払う**ことになるので、月２万8,000円程度が支払額になるということです。

　借金の総額が300万円の方だと、個人再生手続に入る前の返済総額が月額３万円以下ということはないでしょうから、**月の返済総額を抑えることができる**というのも、個人再生の大きなメリットの一つといえます。

　なお、給与所得者等再生手続では、**上記の表の基準（①）により減額された債務額**と、

> ②自分の可処分所得額（自分の収入の合計額から税金や生活費用として政令で定められた費用を控除した残額）の２年分の金額

を比較して、**どちらか高いほうの**額を支払うことになります。

　②は、①よりも高額になってしまうことが多いため、給与所得者等再生手続を選択すると、小規模個人再生手続と比べて返済総額が大きくなってしまいがちです。そこで、サラリーマンの方でも、債権者が借金の減額について文句を言ってきそうにないと判断できる場合には、給与所得者等再生手続ではなく、小規模個人再生手続を選択することも十分に考えられるところです。

清算価値保障原則とは？

　さらに、小規模個人再生手続でも給与所得者等再生手続でも、

> ③自分の財産をすべて処分した場合に得られる金額

と①・②で触れた基準で減額された借金総額と比較して、**③の額の**

ほうが大きい場合、③の額を36回分割して支払うことになります。

これを「**清算価値保障原則**」といいます。清算価値保障原則とは、「個人再生手続では、自己名義の財産をすべて処分した場合に得られる以上の金額を返済しなければならない」という原則です。

先の例でいうと、総債務額が300万円である方が、50万円の価値をもつ車を所有し、70万円の生命保険の解約返戻金がある場合に個人再生をすると、返済しなければならない借金の総額は、100万円ではなく、120万円（50万円＋70万円）になるということです。

この原則は、「破産手続では、自己名義の財産をすべて処分した場合にのみ借金をゼロにすることが認められているにもかかわらず、個人再生手続を選択した場合に、自己名義の財産の総額を下回る額の返済しかしないでよいということになれば、破産手続と個人再生手続との間の公平が保てなくなる」ということを理由とします。

◎２つの手続きにおける返済総額の決め方◎

	Aさん	Bさん	Cさん
借金総額	500万円 →100万円に	700万円 →140万円に ㊙	1,000万円 →200万円に
自己名義の財産の価値の総額	120万円 ㊙	120万円	250万円 ㊙㊷
可処分所得の２年分の額※	150万円 ㊷	150万円 ㊷	170万円

※小規模個人再生手続では考慮されない
㊙…小規模個人再生手続における返済総額
㊷…給与所得者等再生手続における返済総額

　AさんとBさんは、小規模個人再生手続を選択したほうが、返済総額が小さくて済むことになります（しかし、再生計画に反対してきそうな債権者がふくまれる場合には、給与所得者等再生手続を選択することになります）。
　Cさんについては、自己名義の財産の総額が大きく、どちらの手続きを選択しても返済総額は変わらないため、再生計画が認可されやすいように、給与所得者等再生手続を選択すべきであるといえます。

個人再生手続は弁護士等に依頼しなければだめ？

　個人再生手続は裁判所を通して行なうため、複雑な手続きが必要となり、限られた期間に、数多くの書類を提出することが求められます。

　しかし個人再生手続は、申立人が主体となって進めていかなければならない制度ですので、裁判所が手続きについて積極的にアドバイスをしてくれるわけではありません。裁判所から求められる手続きにタイミングよく対応できなければ、それまでの手続きそのものがむだになってしまうこともあり得ます。

　一般的に、弁護士等に依頼せずに自身で個人再生手続を利用することは、極めてむずかしいと思われます。自己破産、個人再生、任意整理、特定調停等のどの手続きを選択するのかもふくめて、弁護士や司法書士などに相談したり、書類作成のアドバイスを求めたりすることをお勧めします。

　また、次項の「手続きの流れ」でも説明しますが、裁判所によっては、弁護士に依頼すれば個人再生委員（申立人の財産等を調査し、申立人が作成する「再生計画案」についてアドバイス等を行なう者）が選任されず、結果として裁判所に納めなければならない手続費用が安くなるところもあります。費用面についても、必ずしも「弁護士に頼んだ分だけ費用が余計にかかる」というわけではありません。

　まずは、費用の面もふくめて、最寄りの弁護士会に相談するなどしてみましょう。ちなみに、札幌地方裁判所はホームページ上で、「弁護士に依頼せずに個人再生を申し立てた場合には、原則として個人再生委員を選任し、その報酬は30万円である」と明記しています。

5-3 個人再生③ 個人再生手続の流れ

減額された額を支払い続けられるかというリハーサルがある

個人再生の手続き

　個人再生の手続きの流れは、次ページ図表のとおりです。ここでは、各手続きの内容を説明します。

①申立て
　まず、個人再生手続の利用を希望する旨を、管轄する裁判所に申し立てる必要があります。
　あとで説明しますが、住宅ローンが残っている持ち家を手放さずに個人再生をしたい場合には、別途その手続きを求める申立ても同時に行ないます。
　申立ては、基本的に自分の住所地を管轄する裁判所へ行ないますが、管轄がどこなのかは裁判所のホームページを見ればわかりますし、当然、弁護士等は把握しています。
　申立ての際には、本項の最後で説明する書類の準備が必要です。特に「債権者一覧表」や「財産目録」などの作成には相当な労力がかかりますし、不備があれば手続き全体に影響を及ぼしますので、注意が必要です。
　なお、弁護士等に相談する場合には、155ページ表の事項について必ず聞かれることになるので、大まかにでも把握したうえで相談するとスムーズです。

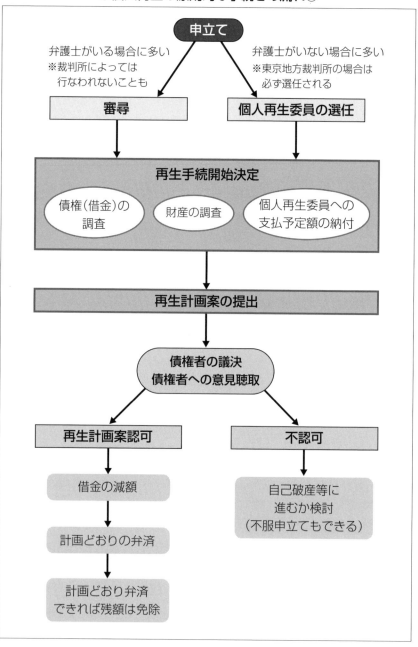

◎弁護士等へ相談する前に把握しておきたいこと◎

□借金の借入先(債権者)の名前(消費者金融、銀行、個人など)
□各借入先から借り入れている額、最初に借り入れた時期、毎月の返済額
□各借入先に担保(抵当権、連帯保証人など)が設定されているかどうか
□自分名義の資産(土地・建物などの不動産、自動車、株、預金、退職金、生命保険の解約返戻金等)の有無および価値
□自分(および同居している家族)の収入と支出のバランス
□無理なく借金の返済に充てられる金額の目安

②個人再生委員の選任

裁判所によってまちまちですが、個人再生手続の申立てが受理されると、**「個人再生委員」**が選任されることがあります(申立てを代理する弁護士がいる場合、選任されないことも多いです)。

なお、東京地方裁判所においては、申立代理人の有無にかかわらず、全件に個人再生委員が選任されます。

個人再生委員は、裁判所が選任する弁護士で、個人再生手続を申し立てた者(以下、「申立人」といいます)の財産および収入の状況を調査し、申立人が作成する**「再生計画案」**について、必要な指摘・アドバイスを行ないます。

再生計画案とは、「5-2で述べたルールに従って減額した借金の総額を、36回(例外的に60回)分割して、毎月支払います」といった内容のもので、**個人再生手続の全体像**が書かれたものです。

個人再生委員は、申立人の負債や所有している資産について調査し、申立人がそろえた資料について不備があれば補充を要求したり、資産について現地調査をしたりして、個人再生手続が適切に進行す

るように調整を行ない、「再生手続開始決定」を出すか否かについて、裁判所に意見書を出します。

　裁判所は、個人再生委員の意見を参考に、「手続きを開始するかどうか」、また「借金をどのように減額するか」などを決定していきます。

③再生手続開始決定
　申立を受け、書類に不備がないことなどを確認した裁判所は、個人再生委員が選任されていればその意見を聞いたうえで、また、選任されていなければ、申立人から直接事情を聞いたうえで（「審尋」といいます）、再生手続開始決定を出します（裁判所によっては、審尋がなされないこともあります）。

　これによって、個人再生手続が終了するまでの間、**すべての債権者に対する返済は禁止**され、逆に、債権者から申立人に対して**取立行為（裁判手続をふくむ）**をすることも禁じられます。また申立人は、**裁判所の許可なく、財産を処分**することも禁じられます。

　再生手続開始決定後、申立人は個人再生委員に対し、**申立書に記載した月の返済予定額を支払うことになります**（多くの場合、6か月間）。

　これは、個人再生手続によって減額された返済額を、毎月支払い続けることができるのかというリハーサルですので、遅れずに支払うことが必要です。

　このリハーサルにおいて支払いが滞ってしまうことになれば、「個人再生手続において借金を減額したとしても、支払い続けることが不可能である」と判断され、手続きそのものが廃止されてしまうこともあり得ます。

なお、このリハーサルによって個人再生委員に支払われた額の一部は、個人再生委員の報酬となります（つまり、個人再生委員が選任されると、その報酬は申立人が支払わなければなりませんが、申立時に、前もって報酬額のすべてを裁判所に納めなければならないわけではない、ということです）。

④個人再生委員との面談

再生手続開始決定が出されると、申立人は、個人再生委員と面談をします。面談の際には、申立時に提出した書類をもとに、個人再生委員から申立人（債務者）と申立代理人（弁護士）に対して、いろいろな質問がなされ、追加の資料の提出を求められることもあります。その場合には、申立人と申立代理人が協力して、個人再生委員から出された課題に対応することになります。

このように課題に対応するのと並行して、③の毎月の返済予定額を個人再生委員が指定する口座に毎月入金しなければならないので、遅れないように注意する必要があります。

⑤再生計画案の提出

個人再生委員による債権・財産等の調査が終了すると、いよいよ「再生計画案」の提出となります。

この再生計画案には、146ページで説明した基準にて減額した返済額が記載されます。

⑥再生計画案の認可（不認可）決定

提出された再生計画案について、小規模個人再生手続であれば「債権者の議決」が、給与所得者等再生手続であれば「債権者への意見聴取」がなされ、問題がなければ、再生計画案が認可されます。

認可されてからおよそ１か月後に再生計画案は確定し、これによ

り、法的に借金が減額されたということになります。

　なお、不認可となった場合には、「不服申立て」という手段を取り、それでも不認可の結論がくつがえらない場合は、再度の給与所得者等再生手続の申立て（小規模個人再生手続において、債権者の反対によって不認可となった場合）や、自己破産手続・任意整理等、他の手段の検討が必要となります。

⑦再生計画どおりの返済の開始

　再生計画案の確定により減額された借金を、毎月（場合によっては３か月に１回）返済していき、返済が終了となれば、晴れて借金の残額が免除されます。

提出書類と手続費用

　東京地方裁判所における、個人再生手続の提出書類および手続費用は以下のとおりです。

　※各裁判所によって、求められる書類や書式が多少異なるため、正確には申立てをする裁判所に確認してください

---

①提出書類
【申立時に提出】
・申立書
　申立人の住所・氏名・生年月日等の情報のほか、小規模個人再生手続と給与所得者等再生手続のどちらを選択するのか等の事項を記載します。
・収入一覧および主要財産一覧（陳述書・財産目録等）
　陳述書には、現在の職業・収入、過去の職歴、家族の状況・同居の有無、個人再生手続の申立てをするに至った事情などを記載します。
　財産目録には、預金・貯金、財形貯蓄等の積立金、保険、有価証

券（株券等）、自動車、不動産（土地・建物）等の自己名義の財産の有無および財産としての価値などを記載します。
- **債権者一覧表**
  借入先のすべてと、借入額・借入原因を記載します。住宅ローンがあれば、別途、借入額等を記載します。
- **委任状**
- **住民票**

【申立時、またはその後速やかに提出】
■**小規模個人再生手続**
- 確定申告書、源泉徴収票その他の収入額を明らかにする書面
- 個人再生委員が指示する書面

■**給与所得者等再生手続**
- 源泉徴収票または課税証明書（直近1年分）
- 給与明細書（2か月分）
- 個人再生委員が指示する書面

【申立後速やかに提出】
- 再生債務者代理人あて封筒3通
- 再生債権者あて封筒1組

②**手続費用**
- 申立手数料（貼付印紙額）　1万円
- 予納金
  ・裁判所予納金1万1,928円（官報公告費用）
  ・分割予納金（個人再生委員にリハーサルとして毎月振り込むもの）
- 郵便切手1,600円（120円切手2枚、82円切手10枚、20円切手20枚、10円切手13枚、1円切手10枚）

5-4 個人再生④
個人再生のメリット
持ち家や車を手元に残すことができる

■**資格制限の問題が生じない**

　自己破産では、手続きに入ると免責（借金を返さなくてもいい状態）が認められるまでの間、就けなくなる職業があります。弁護士、司法書士、古物商、宅地建物取引主任者、警備員、保険の外交員などがこれにあたります。しかし、個人再生ではこのような制限はないので、職業を問わずに手続きを利用することができます。

■**ギャンブルの借金でも大丈夫**

　自己破産では、借入れの原因がギャンブルであったり、新幹線のチケットをクレジットカードで大量に購入して現金化したなどの事情がある場合には、免責されない可能性があります。しかし個人再生では、借入れの原因が手続きの利用の可否に影響することはありません。

■**自己破産と異なり、持ち家を手放さなくてよいことも**

　持ち家の住宅ローンが残っている場合、その持ち家には「抵当権」がついていることが通常です。

　住宅ローンが残っている状態で自己破産等の債務整理手続きをしようとすると、銀行などの住宅ローンを貸している債権者は、抵当権を実行し、持ち家を売ったお金で貸している住宅ローンの回収を図ります。したがって、持ち家は手放さなくてはならなくなるのが原則です。

　しかし、個人再生手続においては、「住宅ローンだけは減額せず

に支払い続け、他の借金については146ページで述べたような基準により減額する」ということが可能です。この手続きについては、民事再生法における「住宅資金貸付債権に関する特則」に定めがあり、住宅ローンを支払い続けるタイプの個人再生手続を**「住宅資金特別条項を定める個人再生手続」**と呼んだりします。

　もっとも、この住宅資金特別条項を利用する場合には、住宅ローンについては従来どおり支払う必要があるうえに、それとは別に、その他の債権者に対しても、再生計画案にしたがった額を弁済しなければなりません。したがって、毎月の返済額について、ある程度の余裕がある人でなければ、この手続きは利用できません。

　また、住宅ローンを延滞している場合には、再生計画が確定するまでに、延滞金の全額を支払い、遅れのない状態にする必要がある

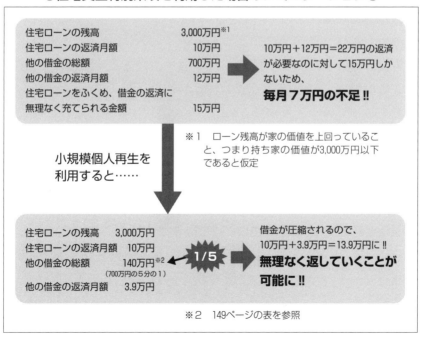

◎住宅資金特別条項を利用した場合のシミュレーション◎

ので、延滞額が大きいと大変です。

■個人再生なら、愛車が残せることも

　自己破産は、「価値のある財産については、お金に換えて借金の返済に充ててからでないと借金をゼロにできない」という制度なので、自分名義の自動車などの財産がある場合であって、その自動車の価値が20万円（裁判所によって異なります）を超えるような場合には、これを処分しなければなりません。

　一方、個人再生では、自分名義の車の価値は、「清算価値」として把握されますが、車の価値の分だけ個人再生手続によって返済をしていくことができれば、必ずしも手放さなくてはならないわけではありません。

　たとえば、借金が総額1,000万円ある人がいて、100万円の価値をもつ車を所有している人が自己破産したとします（単純化するために、ほかに財産はないものとします）。

　このとき自己破産では、その車を売って得た100万円を総債権者に分配し、残った900万円について免責を受けることになりますが、個人再生では、1,000万円が200万円に減額され、これを原則36回払いで支払っていくことができれば、車を手放す必要はないことになります（月5万6,000円程度）。

　もちろん個人再生手続には、150ページで述べたとおり「清算価値保障原則」があるため、「車を手元に残したまま自己破産と同じ額の免責を受ける」ということは許されません。

　しかし、どうしても手放したくない愛車を所有しているような場合には、上記のように、自己破産手続よりも免責される額が100万円減ってしまったとしても、個人再生手続を利用してもいいかもしれません。

　なお、愛車のローンが残っているような場合には、別途の注意が

必要です。なぜなら、オートローンが残っている場合、通常は、「オートローンの返済中に支払いが滞った場合には、車を引き上げて処分し、売却価格をローンの残高の支払いに充てる」という条項が契約に入っている可能性が高いからです（この条項を**「所有権留保特約」**といいます）。

※オートローンとは、車の購入を目的とするローンのことです。貸金業者によっては「マイカーローン」と呼んでいたりもします。信販系の会社や銀行が貸しつけるほかに、自動車会社の傘下の貸金業者が貸しつけることも多く、自動車に担保を設定することが多いため、貸付けの目的を定めないカードローンと比べて利率が低いことが特徴です

オートローンの契約書にこの所有権留保特約がついていて、かつ、車検証の名義人がローン会社である場合には、残念ながら、個人再生手続による場合であっても、車を手元に残すことはできません（普通自動車の場合）。

もっとも、個人再生を検討している時点における車の価値、車が軽自動車であるか普通自動車であるか、契約書の条項の定め方、また、車検証の名義人が誰であるかなどの事情によって結論が異なりますので、愛車を残したい人は、弁護士等の専門家に相談されることをお勧めします。

◎個人再生のメリット◎

- 警備員や保険外交員など、職業上自己破産できない人も利用できる
- 借金の原因（ギャンブルなど）を問われない
- 持ち家を手放さなくてよいこともある
- 車を手元に残しておける可能性が高い

5-5 個人再生⑤
個人再生のデメリット
自己破産よりも経済的な負担は大きい

■ブラックリストに載る

　個人再生手続を申し立て、裁判所の決定によって借金が減額された場合、その事実は信用情報機関に登録されます。これが、いわゆる「ブラックリスト」に載るということです。

　登録される信用情報機関によりますが、登録されている期間は5年〜10年であり、その間は新たに借入れをしたり、クレジットカードを作ったりすることがむずかしくなります。

　そのため手続きに入る際には、「当分はお金を借りることができない」ということを覚悟する必要があります。

■官報に記載される

　官報とは、国が発行する広報誌のようなもので、国家として国民に広く知らせるべき事項が掲載されています。そして、個人再生手続の申立てをした場合、以下の3回のタイミングで、官報に申立人の名前・住所が載ることになっています。
①個人再生手続開始決定がされたとき
②再生計画案が提出されたとき
③再生計画認可・不認可決定がされたとき

　もっとも、官報を日常的に見ている人はそういませんし、細かい字で多くの人が載っているので、「偶然あなたの情報が知り合いに見られてしまった」ということはほとんどないといってよいでしょう。

それよりも、官報に載った住所宛に、ヤミ金からの借入れの勧誘チラシが送られてくることがあるので、その誘いに乗らないことが重要です。

■自己破産よりも経済的な負担は大きい

いままで見てきたとおり、個人再生は、借金がゼロになる自己破産と異なり、減額はされるものの一定額は返済する必要があるので、その分、経済的な負担が大きいといえます。

したがって、個人再生を利用する場面としては、

- 警備員など、資格制限がある職業に就いており、自己破産をするといまの職業を辞めなくてはならなくなる
- 住宅ローンがまだ残っており、自己破産をしてしまうと、現在住んでいる持ち家を手放さなくてはならなくなる

というような場合に限られると考えてよいと思います。

借金にお悩みの方にとって、どの手続きを選択すべきかは大きな関心事だと思いますが、自身の置かれている状況によってベストな選択肢は変わってきますので、まずは弁護士等の専門家に相談されることをお勧めします。

■原則、弁護士等の選任が必須で、比較的費用が高い

152ページで述べましたが、個人再生手続は、弁護士等の専門家に依頼したうえで申し立てるのが必須であるといえます。

実際に名古屋地方裁判所のホームページにも、「一般的に、弁護士に依頼をせずに、本人で日常の仕事に従事しながら、個人再生の申立手続を遂行していくことは、実際には相当難しいと思われます」との記載があります。

弁護士等の専門家に個人再生手続を依頼する場合の費用は、事務所によって大きく異なりますが、**司法書士に依頼する場合で大体20万～30万円、弁護士に依頼する場合で30万～50万円**です。

このように、弁護士と司法書士で費用がちがうのは、司法書士は個人再生手続において必要な書類の作成のみを行ない、裁判所とのやり取りはすべて本人が行なう必要がある一方で、弁護士であれば、裁判所とのやり取りもふくめてすべて弁護士が行なうことができるという点に理由があります。

とにかく安く済ませたいのであれば司法書士に依頼し、少し金銭的な負担は増えても全部お任せしたい場合には、弁護士に依頼するとよいでしょう。

◎個人再生のデメリット◎

- ブラックリストに載る（信用情報機関に登録される）
- 官報に名前や住所が記載される
- 「圧縮された額を返済する」手続きであるため、自己破産よりも経済的な負担が大きい
- 原則として、弁護士等への依頼が必須で、比較的費用が高い

5-6 特定調停①
特定調停とは？
簡易裁判所が貸主との話合いを仲裁してくれる

特定調停とはどのような手続きか？

特定調停とは、借金を従来の約束どおり支払い続けることができなくなった債務者（**「特定債務者」**といいます）が、裁判所の仲介によって債権者と話し合い、**返済計画を立て直すことによって、経済的な再生を図る手続き**です。

簡易裁判所で行なわれ、**「調停委員」**という借金問題の仲裁の専門家と、裁判官で構成される**「調停委員会」**が、債務者と債権者（消費者金融など）の間を取りもってくれることになります。

返済計画がどのようなものになるかはケースバイケースですが、**申立日における元本・利息・遅延損害金の合計額について、3年から5年程度、支払い続けるようなもの**になることが通常です。

どんな場合に手続きを利用できるのか？

特定調停を利用するためには、契約どおりに借金の返済を続けていくことが困難になっていることが必要です。

すなわち、「経済的な余裕はあり、契約どおりの金額を支払い続けることはできるが、今後発生する利息がもったいないから特定調停を利用したい」と思っても、それは許されないということです。

もっとも、特定調停を利用しても、借金の額そのもの（元本）まで大幅に減らすことはできないので、借金の返済を続けていく金銭的な余裕がまったくない場合には利用することができません。

そのような場合には、自己破産手続や個人再生手続を検討するべきです。

手続きにはどのくらいの費用がかかるのか？

特定調停を申し立てる場合には、裁判所に対して、「申立手数料」と「手続費用」を納める必要があります。

具体的には、「申立手数料」として、債権者1社あたり500円分の収入印紙、「手続費用」として、債権者が1社の場合は1,500円分（2社以上は1社につき256円追加）の予納郵便切手を納めることになります（東京簡易裁判所の場合です。借入額が大きいと費用が若干異なる可能性があります）。

どこの裁判所に手続きを申し立てるべきか？

特定調停の申立ては、債権者の本店、または支店の所在地を管轄する簡易裁判所に行ないます。

債権者が複数いる場合には、債権者のうちの一つを管轄する簡易裁判所が、すべての債権者をまとめて扱ってくれることがあるので、自身に一番都合のいい簡易裁判所に申立てを行ないましょう。

5-7 特定調停②
特定調停の手続きとは？
債権者との交渉は調停委員が行なってくれる

　ここでは、実際に特定調停を申し立てる場合に必要な書類や手続きの流れについて、東京簡易裁判所の運用を見てみましょう（各裁判所によって取扱いが若干異なるので、詳しくは自身が申し立てる予定の簡易裁判所に直接問い合わせてみてください）。

申立てに必要な書類

①特定調停申立書（171ページ参照）
　特定調停の手続きを行なうことを希望する旨を記載した書面です。自分の住所や、債権者の住所等を記載します。

②財産の状況を示すべき明細書、その他特定債務者であることを明らかにする資料（172ページ参照）
　自分が特定債務者であることを示すために、職業や手取り月収、所有資産等について申告するための書面です。

③関係権利者一覧表（173ページ参照）
　自分が「いつ頃から、どこに、いくら」借りているのか、借金の状況について申告する書面です。

④資格証明書
　債権者は会社等の法人であることが通常ですので、各法人の本店所在地、名称および代表者名が表示されている「現在事項全部証明

書」、または「代表者事項証明書」のいずれかを法務局で取得して提出する必要があります。

手続きの具体的な流れ

特定調停の手続きは、下図のような流れで進んでいきます。

◎特定調停の手続きの流れ◎

申立て

各債権者に申立書等が郵送され、債権者はこれに応じ、債務者との間の金銭消費貸借契約書や、取引履歴に基づく利息制限法所定の制限利率による引き直し計算書を提出します。

期日①（「事情聴取期日」）

債務者が実際に簡易裁判所に行って、調停委員に対して、借金を約束どおり返せなくなった事情について説明し、調停委員から、生活状況や収入、今後の返済方法などについて聴取がなされます。

期日②（「調整期日」）

債権者も交えて債務額を確定し、返済方法を調整していきます。この時、債権者との交渉は調停委員が行なうため、債務者本人が債権者と直接やり取りをする必要はありません。

調停成立 or 調停不成立

返済方法について債務者と債権者が合意に至ったときには、調停が成立し、その後は合意の内容どおりに返済をしていくことになります。双方の折り合いがつかなければ、そのまま手続きは終了となります。

◎特定調停申立書の記入例◎

符号 _____

> 申立書は、相手方ごとに、それぞれ2部ずつ作成し提出してください

特 定 調 停 申 立 書

平成○○年○○月○○日

> 裁判所への申立書提出日を記入します

東京簡易裁判所 御中

特定調停手続により調停を行うことを求めます。

申立人	住所 〒○○○-○○○○ 　　東京都墨田区○○1丁目○○番○○号　○○マンション201号室 （送達場所）☑同上　□次のとおり 　　　　フリガナ　スミダ　タ　ロウ 氏　名　墨　田　太　郎　㊞ （契約時の氏名）□同上　☑千代田　太郎 （契約時の住所）□同上　☑横浜市○○区○○2丁○番○号 生年月日　昭・平　○○年　○○月　○○日生 電話番号　△△-△△△△-△△△△　（FAX番号　-　-　）
相手方	住　所（法人の場合は本店）〒○○○-○○○○ 　　東京都千代田区○○2丁目○○番○○号 氏　名（法人の場合は会社名・代表者名） 　　株式会社○○○○ 　　　　代表者代表取締役　○　○　○　○ （支店・営業所の名称・所在地）〒　- （電話番号　-　-　　FAX番号　-　-　）
申立ての趣旨	債務額を確定したうえ債務支払方法を協定したい。
紛争の要点	1　債務の種類 　☑借受金債務　□保証債務（借受人　　　　　　　） 　☑立替金　　　□その他（　　　　　　　　　　　　　） 2　契約の状況等 　(1)　契約日　　　　　　平成○○年○○月○○日 　(2)　借受金額等　　　　金　○○○,○○○円 　(3)　現在の債務額（残元金）金　○○○,○○○円 　　　（契約番号　○○○-○○○○-○○○○-○○○○） 　□別紙のとおり

> この欄には、申し立てる方（債務者）の住所・氏名・生年月日・連絡先電話番号等を記入します。
> 提出する際には印鑑（スタンプ式は不可）を捺印してください。
> 「（送達場所）」とは、裁判所からの郵便物を受け取る場所を指します。
> 「（契約時の氏名）」、「（契約時の住所）」欄には、相手方と契約を締結した時と氏名、住所が変わっている場合には、この記載例のように記入してください

> この欄には、相手とする方（債権者）の住所・氏名を記入します。
> 相手方が法人の場合は、法務局で相手方の現在事項全部証明書、または代表者事項証明書等を取得し、その内容により、この記載例のように記入してください

> 「債務の種類」欄は、該当する箇所に✓印を付してください。
> 「契約の状況等」欄は、契約書、取引明細書等で確認し記入してください

貼用印紙欄	調停事項の価額	100,000円	受付印欄
	手　数　料	500円	
	貼用印紙　　500円		
	予納郵便切手　　　円		

> これ以降の欄への記入は必要ありません

（一般個人用）

◎特定債務者の資料等の記入例◎

特定債務者の資料等（一般個人用）

1　申立人

　　（ふりがな）　すみだ　たろう
　　氏　名　　墨田　太郎

　　→ 申立人の氏名を記入します

2　申立人の生活状況

(1) 職業（業種・担当等）　会社員（○○○販売・営業）
　　勤務先名称：　○○○○株式会社
　　勤続期間：　9　年　3　月

(2) 月収（手取り）：　370,000円　給料日：毎月　25　日

(3) その他：　ボーナス年2回（7月、12月）　年額で130万円程度

　　→ 申立人の職業、勤務先、収入等について記入します

3　申立人の資産・負債（該当する□に「✓」を記入すること。以下同じ。）

(1) 資産：□土地　□建物　□マンション　☑自動車　□その他（　　　）

(2) その他の財産の状況：☑預貯金（約20万円）　□株式
　　　　　　　　　　　　□生命保険等（返戻金有）　□その他（　　　）

(3) 負債：紛争の要点2及び関係権利者一覧表のとおり

　　→ 申立人の資産状況を記入します

4　家族の状況（申立人と生計を同一とする者を記入すること。）

氏　名	続柄	職業	月収（手取）	同居・別居
○○○○	妻	パート	80,000円	☑同　□別
○○○○	長男	小学1年	0円	☑同　□別
○○○○	実母	無職	0円	□同　☑別
			円	□同　□別
			円	□同　□別

　　→ 申立人と生計を同じくする者を全員記入します

5　その他返済額等について参考となる事項

　　○○○○（実母）は、○○県○○市に居住し、申立人と別居しているが、昨年末から健康が優れないため自宅で療養している。現在は仕事に就くことができず収入がないので、申立人が毎月5万円ずつを仕送りしている。

　　→ 債務の返済資金に関係する事項について記入します

6　返済についての希望

　　毎月　4　万円くらいなら返済可能

　　→ 相手方が複数ある場合は、相手方全員に対する支払総額を記入します

> 申し立てる方の氏名（法人の場合は商号）を記入します

> この関係権利者一覧表には、特定調停の相手方とするかしないかにかかわらず、すべての債権者を記入します

◎関係権利者一覧表の記入例◎

申立人　墨田　太郎

関 係 権 利 者 一 覧 表

※該当する□に「✓」を記入すること。

番号	債権者氏名又は名称／住所	債務の内容等（当初借入日・当初借入金額・現在残高等）			担保権の内容等
		年月日	金額	残高	
1	株式会社〇〇銀行／申立書記載のとおり	平〇・〇〇・〇	〇〇〇万円	〇〇〇,〇〇〇円	☑（根）抵当権付 □（連帯）保証人付 （氏名　　　　）
2	〇〇〇〇株式会社／〃	平〇・〇〇・〇	〇〇〇円	〇〇〇,〇〇〇円	□（根）抵当権付 ☑（連帯）保証人付 （氏名　〇〇〇〇）
3	株式会社〇〇クレジット	平〇・〇〇・〇	〇〇〇円	〇〇〇円	□（根）抵当権付 □（連帯）保証人付 （氏名　〇〇〇〇）
4	〇〇〇信販株式会社／〃	平〇・〇〇・〇	〇〇〇円	〇〇〇円	□（根）抵当権付 □（連帯）保証人付 （氏名　　　　）
5	〇〇〇〇／〇〇市〇〇〇1-2-3	平〇・〇〇・〇	〇〇〇円	〇〇〇円	□（根）抵当権付 □（連帯）保証人付 （氏名　　　　）
6		・・	円	円	□（根）抵当権付 □（連帯）保証人付 （氏名　　　　）
7		・・	円	円	□（根）抵当権付 □（連帯）保証人付 （氏名　　　　）
8		・・	円	円	□（根）抵当権付 □（連帯）保証人付 （氏名　　　　）
9		・・	円	円	□（根）抵当権付 □（連帯）保証人付 （氏名　　　　）
10		・・	円	円	□（根）抵当権付 □（連帯）保証人付 （氏名　　　　）
11		・・	円	円	□（根）抵当権付 □（連帯）保証人付 （氏名　　　　）
12		・・	円	円	□（根）抵当権付 □（連帯）保証人付 （氏名　　　　）

> 記入するにあたっては、契約書や支払明細書などで確認し、記入してください

> 「担保権の内容等」欄には、借入等をするにあたって、不動産等を担保として提供した場合や保証人をつけた場合に記入してください

※　「関係権利者」とは、特定債務者に対して財産上の請求権を有する者及び特定債務者の財産の上に担保権を有する者をいう。（特定調停法2条4項）
　　関係権利者の一覧表には、関係権利者の氏名又は名称及び住所並びにその有する債権又は担保権の発生原因及び内容を記載しなければならない。（特定調停手続規則2条2項）

第5章　個人再生・特定調停のしくみとポイント

5-8 特定調停③
特定調停のメリット
自身で申し立てれば費用が安くて済む

■費用が安い

特定調停は、自己破産や個人再生と異なり、比較的簡易な手続きなので、**弁護士等に依頼することなく自分で申し立てることができ、費用が安く済む**というのが最大の特徴です。

たとえば、債権者が5社で弁護士に任意整理を依頼する場合、1社3万～4万円程度の弁護士費用がかかるので、費用は15万円を超えてしまいますが、自分で特定調停をする場合には、申立手数料と手続費用を合わせても5,000円程度で足りるので、かなり費用が安いといえます。

■手続きが簡易・迅速である

特定調停は、裁判所における手続きでありながら、**通常、期日は2回程度しか開かれず、申立後2か月程度で手続きが終了します**。

したがって、手続きの申立てから終了するまでに半年程度を要することも多い自己破産手続や個人再生手続と異なり、非常に迅速に手続きが進行します。

■過払い金が生じていれば、借金が減らせることも

170ページで説明したとおり、特定調停においては、債権者との間に利息制限法を超える金利での取引がある場合、払い過ぎている金利分だけ借金を減らすという処理（いわゆる「引き直し計算」）をしますので、返さなければならない借金の総額が減ることもあります。

平成18年（2006年）よりも前から長期間にわたって取引をしている場合などは、返さなければならない借金の額が大きく減ることもあり得ますので、そのような場合には、グッと返済が楽になります。

■取立てが止まる
　申立書を裁判所に提出し、それが受理されて各債権者に通知されると、返済の督促が止まります。多くの債権者からひっきりなしに督促を受けている場合などは、特定調停の申立てによって、一息つくことができます。

■官報に名前が載ることはない
　自己破産手続、個人再生手続を利用すると、官報に名前が載ってしまいます。しかし、同じ裁判所における手続きであっても、特定調停の場合は官報に名前が載ることはありません。

■給与の差押えなどの強制執行を止めることができる
　「公正証書」を作成している債権者への返済が滞ってしまうと、毎月支払われる給与や、自己名義の不動産などの財産を差し押さえて強制的に借金を回収されてしまうことがあります。

　※公正証書とは、公証役場に執務する公証人（長年法律実務に携わる法律の専門家）が作成する公文書です。金銭消費貸借契約が公正証書によって作成された場合、債務者が約束どおり返済できないと、裁判所の判決などを経ずに直ちに強制執行手続（債務者の財産を差し押さえるなど）に移ることができますので、当事者間だけで作成される通常の契約書に比べて、強力な効果を有しているといえます

　しかし、このようにある特定の債権者だけが一方的に返済を受け

ると、他の債権者の取り分が減ってしまうとともに、債務者の生活も立ちゆかなくなるおそれがあります。

そこで、特定調停においては、この**強制執行手続の停止を命じることができる**と定められています。

たとえば、ある債権者から給与の差押さえを受けていて、他の債権者からの取立ても厳しいような場合であっても、特定調停を利用すれば差押さえを停止し、全体の返済計画を考え直すことができます。

■**債権者と合意に至らなくても調停が成立する可能性がある**

特定調停においては、調停委員の仲裁のもと、債務者と債権者が返済計画の見直しについて合意を図るわけですが、合理的な返済計画であっても債権者が不当に応じず、調停が成立しない場合もあります。

しかしそのような場合には、裁判所が職権で、事件の解決のために必要な決定をすることができます。これを「特定調停に代わる決定（通称「17条決定」）」といいます。

この決定に対して、2週間以内に異議が申し立てられない場合（多くの債権者は異議を出しません）、この決定は判決と同じ効力を有することになります。

つまり、調停が成立した場合と同じ効力が生じることになるわけなので、債権者と合意することが必須である任意整理に比べると、解決に至る可能性が高いといえるでしょう。

◎特定調停のメリット◎

- 自身で申し立てれば、費用が安い
- 手続きが簡易で、スムーズにいけば2か月程度で終了する
- 過払い金が発生していれば、借金が減らせることもある
- 債権者からの取立てが止まる
- 官報に名前が載らない
- 給与の差押えなどの強制執行を止めることができる
- 債権者と合意に至らなくても調停が成立する可能性がある

5-9 特定調停④
特定調停のデメリット
任意整理よりも支払額が多くなってしまうことが多い

■裁判所に出頭しなければならない

　特定調停を本人で申し立てた場合、当然ですが、自ら裁判所に行かなければなりません。2回程度で終わるのが通常ですが、債権者が多かったり、交渉が難航したりすると、3回、4回と続いてしまうこともあり得ます。

　期日は平日の昼間にしか開かれないので、平日に仕事を休むのがむずかしい方にとっては、かなりの負担となるでしょう。

■ブラックリストに載ってしまう

　約束どおりの返済が困難なため特定調停を利用するわけですから、任意整理や自己破産と同様に、信用情報機関に事故情報が登録されてしまいます。

■過払い金を取り返すことはできない

　メリットのところで、「過払い金を差し引かせることによって、借金の額を減らせる可能性がある」と述べましたが、そこからさらに進んで、違法な利率での取引期間が長く、そもそも現在の借入残高を返す必要がなく、むしろ過払い金を取り返すことができる状況であることが判明したとしても、過払い金を特定調停で取り戻すことはできません。

　なぜなら、一口に過払い金を取り返すといっても、複数の論点があって、債権者としてもおいそれとは返還できないし、調停委員としても判断しきれないからです。

過払い金が生じていて取り返す手続きをしなければならない場合には、その部分だけは弁護士等の専門家に相談しなければならないことになります。

■「未払利息」や「遅延損害金」も支払わなければならない

借金は大まかにいうと、元本と利息、遅延損害金から成り立っています。元本と利息についてはご承知のとおりです。遅延損害金とは延滞利息のことで、約束どおり支払えなくなってしまった時点から発生します。

また、支払えなくなってしまった時点から特定調停が成立するまでの間の利息を「未払利息」といい、特定調停が成立してからの利息を「将来利息」ということがあります。

特定調停が成立すれば、それ以降の利息である将来利息については支払う必要がないことがほとんどですが、他方で、未払利息や遅延損害金については、支払わなければならないとする結果になることがほとんどです。

任意整理において弁護士が交渉すれば、この未払利息と遅延損害金についてはカットできることが多いので、**特定調停においては、任意整理よりも支払わなければならない額が大きくなってしまうことが多い**ということになります。

■調停調書の成立によって、差押えが可能に

特定調停が成立すると、「調停調書」に合意の内容が記載されます。この調停調書は、裁判における判決と同一の効力を有しているので、債務者が調停調書の内容のとおりに支払えなくなってしまった場合には、債権者は、強制執行の手続きを取ることができるようになります。

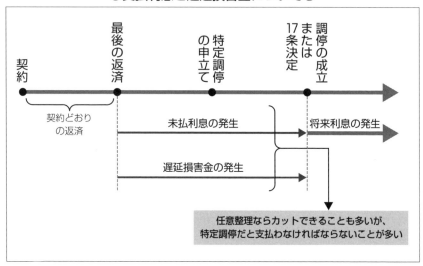

　つまり、調停調書の内容が守られなければ、債権者は債務者の財産を差し押さえて競売をしたうえで、売れたお金から借金を回収したり、給与の4分の1を差し押さえたりすることができるようになるということです。

　任意整理の場合には、仮に債権者との約束を守れなくなってしまったとしても、そのまま強制執行まで行なえるわけではないので、約束どおりの返済ができなくなってしまった場合のリスクは、特定調停のほうが大きいといえます。

◎特定調停のデメリット◎

- 裁判所に出頭しなければならない
- ブラックリストに載る（信用情報機関に登録される）
- 過払い金を取り戻すことはできない
- 任意整理ではカットできることが多い「未払利息」や「遅延損害金」も支払わなければならない
- 調停調書が成立することによって、差押えが可能になる

執筆者一覧（五十音順）

甘利　禎康（あまり　さだやす）
弁護士
出身大学：早稲田大学 社会科学部社会科学科、東北大学大学院 法学研究科 総合法制専攻 卒
執筆担当：序章、第1章

佐野　良昌（さの　よしまさ）
弁護士
出身大学：中央大学 法学部法律学科、中央大学法科大学院 法務専攻 卒
執筆担当：第2章

外口　孝久（そとぐち　たかひさ）
弁護士
出身大学：明治大学 法学部法律学科、明治大学法科大学院 法務専攻 卒
執筆担当：第5章

幅野　直人（はばの　なおと）
弁護士
出身大学：中央大学 法学部法律学科、東京大学大学院 法学政治学研究科 法曹養成専攻 卒
執筆担当：第4章

日原　聡一郎（ひはら　そういちろう）
弁護士
出身大学：慶應義塾大学 法学部法律学科、慶應義塾大学大学院 法務研究科 卒
執筆担当：第3章

弁護士法人ベリーベスト法律事務所
2006年に開設。2010年に前身の法律事務所を分割し、事務所名を変更のうえ、弁護士法人化。また、ワンストップサービスを目指し、税理士法人、社会保険労務士法人、特許業務法人等を設立し、ベリーベストグループを形成。グループ全体では、2016年9月現在、弁護士108名、税理士8名、社会保険労務士2名、弁理士2名、司法書士3名、行政書士1名、が所属している。「Do our very best to be your very best partner.～お客様の最高のパートナーでありたい～」という理念に基づき、全国各地に支店を展開し、より利用しやすい身近な法律サービスを全国津々浦々に提供することを目指している。取扱分野は、上場企業・新興企業・外資系企業を対象とする企業法務、交通事故・遺産相続・労働問題・債務整理・離婚・B型肝炎などの個人法務及び刑事弁護など多岐にわたる。
法律情報サイト「リーガルモール」(http://best-legal.jp/)を立ち上げ、常に世へ役に立つ情報を発信し続けている。

代表弁護士　酒井将　東京弁護士会　29986
代表弁護士　浅野健太郎　東京弁護士会　30001

しくみと手続きのポイントがわかる
自己破産と借金整理を考えたら読む本
2016年9月20日　初版発行

著　者　弁護士法人ベリーベスト法律事務所　©Verybest Law Offices 2016
発行者　吉田啓二
発行所　株式会社 日本実業出版社　東京都新宿区谷本村町3-29 〒162-0845
　　　　　　　　　　　　　　　　大阪市北区西天満6-8-1 〒530-0047
　　　　編集部 ☎03-3268-5651
　　　　営業部 ☎03-3268-5161　振　替　00170-1-25349
　　　　　　　　　　　　　　　　　http://www.njg.co.jp/

印刷/理想社　製本/共栄社

この本の内容についてのお問合せは、書面かFAX (03-3268-0832)にてお願い致します。
落丁・乱丁本は、送料小社負担にて、お取り替え致します。

ISBN 978-4-534-05424-1　Printed in JAPAN

日本実業出版社の本

交通事故に遭ったら読む本

弁護士法人
ベリーベスト法律事務所
定価 本体 1400円（税別）

交通事故の被害者やその家族が「最低限押さえておくべき対処法、解決までの流れ」を、図表を交えてコンパクトに解説しました。加害者やその保険会社との対応策がわかります。

身内が亡くなったときの届出と相続手続き

相続手続支援センター　編著
定価 本体 1400円（税別）

戸籍に関する届出はもちろんのこと、遺言書や遺産分割協議、保険証の返却、クレジットカードの解約など、身内がなくなったときの届出・手続きがモレなくできる一冊。

後悔しない高齢者施設・住宅の選び方

岡本典子
定価 本体 1600円（税別）

介護施設、高齢者向け住宅の種類から、それぞれのメリット・デメリット、費用の考え方、契約の注意点、退去のリスクまで、探し方のポイントと手順をわかりやすく紹介します。

子連れ離婚を考えたときに読む本

新川てるえ
定価 本体 1400円（税別）

「子連れ」離婚を考える際に直面する問題について、後悔しない対応をするための情報・ノウハウをまとめました。必要な手続きやさまざまな問題の対処法、実践的なアドバイスが満載です。

定価変更の場合はご了承ください。